# BIG IDEAS
## OF SCIENCE
### REFERENCE LIBRARY

**PEARSON**

Boston, Massachusetts
Chandler, Arizona
Glenview, Illinois
Upper Saddle River, New Jersey

EARTH

LIFE

PHYSICAL

### abiotic factor
A nonliving part of an organism's habitat.

### factor abiótico
La parte sin vida del hábitat de un organismo.

### abrasion
The grinding away of rock by other rock particles carried in water, ice, or wind.

### abrasión
Tipo de desgaste de la roca por otras partículas de roca transportadas por el agua, el viento o el hielo.

Hermit Shale:
280 million years old
esquisto de Hermit:
280 millones de años

### absolute age
The age of a rock given as the number of years since the rock formed.

Supai Formation:
315 to 285 million years old
formación Supai:
315 a 285 millones de años

### edad absoluta
Edad de una roca basada en el número de años de su formación.

### absolute brightness
The brightness a star would have if it were at a standard distance from Earth.

### magnitud absoluta
Brillo que tendría una estrella si estuviera a una distancia estándar de la Tierra.

### absolute zero
The temperature at which no more energy can be removed from matter.

absolute zero
cero absoluto

### cero absoluto
Temperatura a cuyo punto ya no se puede extraer energía de la materia.

### absorption
1. The process by which nutrient molecules pass through the wall of the digestive system into the blood. 2. The process by which an object takes in, or absorbs, light.

### absorción
1. Proceso en el cual las moléculas de nutrientes pasan a la sangre a través de las paredes del sistema digestivo. 2. Proceso en el cual un objeto recibe, o absorbe, luz.

### abyssal plain
A smooth, nearly flat region of the deep ocean floor.

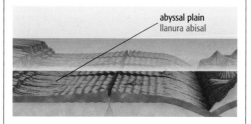

abyssal plain
llanura abisal

### llanura abisal
Región llana, casi plana, de la cuenca oceánica profunda.

### acceleration
The rate at which velocity changes.

### aceleración
Ritmo al que cambia la velocidad.

### accuracy
How close a measurement is to the true or accepted value.

### exactitud
Cuán cerca está una medida del valor verdadero o aceptado.

### acid
A substance that tastes sour, reacts with metals and carbonates, and turns blue litmus red.

### ácido
Sustancia de sabor agrio que reacciona con metales y carbonatos, y que vuelve rojo el papel de tornasol azul.

### acid rain
Rain or another form of precipitation that is more acidic than normal, caused by the release of molecules of sulfur dioxide and nitrogen oxide into the air.

### lluvia ácida
Lluvia u otra forma de precipitación que es más ácida de lo normal, debido a la contaminación del aire con moléculas de dióxido de azufre y óxido de nitrógeno.

### activation energy
The minimum amount of energy needed to start a chemical reaction.

### energía de activación
Cantidad mínima de energía que se necesita para iniciar una reacción química.

### active immunity
Immunity that occurs when a person's own immune system produces antibodies in response to the presence of a pathogen.

### inmunidad activa
Inmunidad que ocurre cuando el sistema inmunológico de una persona produce anticuerpos en respuesta a la presencia de un patógeno.

### active transport
The movement of materials across a cell membrane using cellular energy.

### transporte activo
Proceso que usa la energía celular para mover materiales a través de la membrana celular.

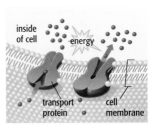

### adaptation
An inherited behavior or physical characteristic that helps an organism survive and reproduce in its environment.

### adaptación
Comportamiento o característica física hereditaria que le permite a un organismo sobrevivir y reproducirse en su ambiente.

### addiction
A physical dependence on a substance.

### adicción
Dependencia física de una sustancia.

### adolescence
The stage of development between childhood and adulthood when children become adults physically and mentally.

### adolescencia
Etapa de desarrollo entre la niñez y la adultez en la que los niños comienzan a convertirse en adultos física y mentalmente.

### aerial photograph
A photograph taken by cameras mounted in airplanes.

### fotografía aérea
Fotografía tomada por cámaras instaladas en aviones.

### aerosols
Solid particles or liquid droplets in the atmosphere.

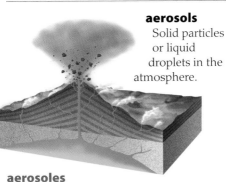

### aerosoles
Partículas sólidas o gotas de líquido en la atmósfera.

### aerospace engineering
The branch of engineering that consists of the design, construction, and testing of airplanes and spacecraft.

### ingeniería aeroespacial
Rama de la ingeniería que consiste en diseñar, construir y poner a prueba aviones y naves espaciales.

### aggression
A threatening behavior that one animal uses to gain control over another animal.

### agresión
Comportamiento amenazador que un animal usa para controlar a otro.

### AIDS (acquired immunodeficiency syndrome)
A disease caused by a virus that attacks the immune system.

### SIDA (síndrome de inmunodeficiencia adquirida)
Enfermedad causada por un virus que ataca el sistema inmunológico.

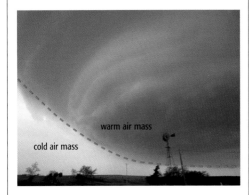

### air mass
A huge body of air that has similar temperature, humidity, and air pressure at any given height.

### masa de aire
Gran cuerpo de aire que tiene temperatura, humedad y presión similares en todos sus puntos.

### air pressure
The pressure caused by the weight of a column of air pushing down on an area.

#### presión de aire
Presión causada por el peso de una columna de aire en un área.

### alcoholism
A disease in which a person is both physically addicted to and emotionally dependent on alcohol.

#### alcoholismo
Enfermedad en la que una persona es adicta físicamente y depende emocionalmente del alcohol.

### algae
Plantlike protists.

#### algas
Protistas con características vegetales.

### alkali metal
An element in Group 1 of the periodic table.

#### metal alcalino
Elemento en el Grupo 1 de la tabla periódica.

19
**K**
Potassium

20
**Ca**
Calcium

### alkaline earth metal
An element in Group 2 of the periodic table.

#### metal alcalinotérreo
Elemento en el Grupo 2 de la tabla periódica.

### alleles
The different forms of a gene.

#### alelos
Diferentes formas de un gen.

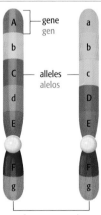

A — gene
gen
b
C — alleles
alelos
d
E

a
b
c
D
E

F
g

F
g

chromosome pair
par de cromosomas

### allergen
A substance that causes an allergy.

#### alérgeno
Sustancia que causa la alergia.

### allergy
A reaction caused when the immune system is overly sensitive to a foreign substance.

#### alergia
Reacción que ocurre cuando el sistema inmunológico es extremadamente sensible a sustancias externas.

### alloy
A mixture of two or more elements, at least one of which is a metal.

#### aleación
Mezcla de dos o más elementos, uno de los cuales es un metal.

### alluvial fan
A wide, sloping deposit of sediment formed where a stream leaves a mountain range.

#### abanico aluvial
Depósito de sedimento ancho e inclinado que se forma donde un arroyo sale de una cordillera.

### alpha particle
A particle given off during radioactive decay that consists of two protons and two neutrons.

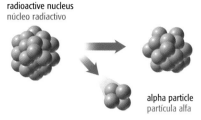

radioactive nucleus
núcleo radiactivo

alpha particle
partícula alfa

#### partícula alfa
Partícula liberada durante la desintegración radiactiva que tiene dos protones y dos neutrones.

### alternating current
Current consisting of charges that move back and forth in a circuit.

#### corriente alterna
Corriente de cargas eléctricas que se mueven hacia delante y hacia atrás en un circuito.

### altitude
Elevation above sea level.

#### altitud
Elevación sobre el nivel del mar.

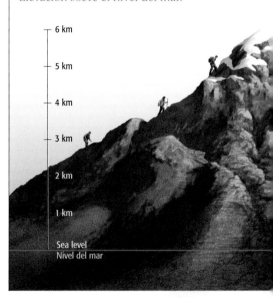

6 km
5 km
4 km
3 km
2 km
1 km
Sea level
Nivel del mar

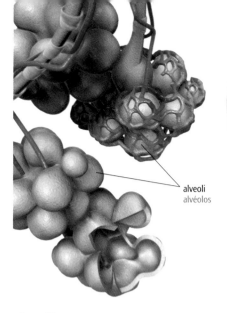

alveoli
alvéolos

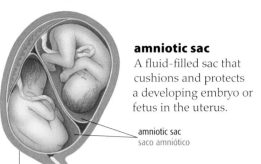

**amniotic sac**
A fluid-filled sac that cushions and protects a developing embryo or fetus in the uterus.

amniotic sac
saco amniótico

**saco amniótico**
Saco lleno de líquido que acojina y protege al embrión o feto dentro del útero.

**amplitude modulation**
A method of transmitting signals by changing the amplitude of a radio wave.

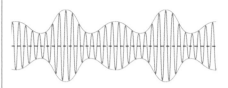

**amplitud modulada**
Método de transmisión de señales al cambiar la amplitud de una onda de radio.

**alveoli**
Tiny sacs of lung tissue specialized for the movement of gases between air and blood.

**alvéolos**
Sacos diminutos de tejido pulmonar que se especializan en el intercambio de gases entre el aire y la sangre.

**amino acid**
One of 20 kinds of organic compounds that are linked chemically to one another, forming proteins.

**aminoácido**
Uno de los 20 compuestos orgánicos relacionados químicamente que forman proteínas.

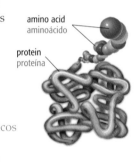

amino acid
aminoácido

protein
proteína

**amorphous solid**
A solid made up of particles that are not arranged in a regular pattern.

**sólido amorfo**
Sólido constituido por partículas que no están dispuestas en un patrón regular.

**amphibian**
A vertebrate whose body temperature is determined by the temperature of its environment, and that lives its early life in water and its adult life on land.

**anfibio**
Animal vertebrado cuya temperatura corporal depende de la temperatura de su entorno, y que vive la primera etapa de su vida en el agua y su vida adulta en la tierra.

**anabolic steroids**
Synthetic chemicals that are similar to hormones produced in the body.

**esteroides anabólicos**
Sustancias químicas sintéticas semejantes a las hormonas producidas por el cuerpo.

**anemometer**
An instrument used to measure wind speed.

**anemómetro**
Instrumento que se usa para medir la velocidad del viento.

**amniotic egg**
An egg with a shell and internal membranes that keep the embryo moist; a major adaptation to life on land characteristic of reptiles, birds, and egg-laying mammals.

**huevo amniótico**
Huevo con cáscara y membranas internas que mantiene al embrión húmedo; adaptación principal a la vida en la tierra, característica de los reptiles, las aves y los mamíferos que ponen huevos.

**amplitude**
1. The height of a transverse wave from the center to a crest or trough. 2. The maximum distance the particles of a medium move away from their rest positions as a longitudinal wave passes through the medium.

**amplitud**
1. Altura de una onda transversal desde el centro a una cresta o un valle. 2. Máxima distancia del desvío de las partículas de un medio, desde sus posiciones de reposo, al ser atravesado por una onda longitudinal.

**aneroid barometer**
An instrument that measures changes in air pressure without using a liquid.

**barómetro aneroide**
Instrumento que mide los cambios en la presión del aire sin usar líquidos.

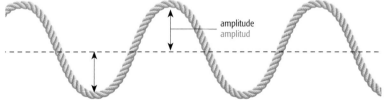

amplitude
amplitud

## angiosperm
A flowering plant that produces seeds enclosed in a protective fruit.

### angiosperma
Planta con flores que produce semillas encerradas en una fruta protectora.

## annual
A flowering plant that completes its life cycle in one growing season.

### anual
Planta con flores que completa su ciclo de vida en una sola temporada de crecimiento.

## anomalous data
Data that do not fit with the rest of a data set.

### datos anómalos
Información que no encaja con los otros datos de un conjunto de datos.

| Nest | Number of Eggs |
|------|----------------|
| A | 110 |
| B | 102 |
| C | 17 |
| D | 110 |
| E | 107 |
| F | 110 |
| G | 109 |

## antibiotic
A chemical that kills bacteria or slows their growth without harming body cells.

### antibiótico
Sustancia química que mata las bacterias o disminuye la velocidad de su crecimiento sin dañar las células del cuerpo humano.

## antibiotic resistance
The ability of bacteria to withstand the effects of an antibiotic.

### resistencia a los antibióticos
Capacidad de la bacteria de resistir los efectos de los antibióticos.

## antibody
A protein produced by a B cell of the immune system that destroys pathogens.

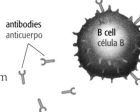

antibodies
anticuerpo

B cell
célula B

### anticuerpo
Proteína producida por una célula B del sistema inmunológico que destruye patógenos.

## anticyclone
A high-pressure center of dry air.

### anticiclón
Centro de aire seco de alta presión.

## antigen
A molecule that the immune system recognizes either as part of the body or as coming from outside the body.

antigen
antígeno

pathogen
patógeno

### antígeno
Molécula que el sistema inmunológico puede reconocer como parte del cuerpo o como un agente extraño.

## antinode
A point of maximum amplitude on a standing wave.

### antinodo
Punto de máxima amplitud de una onda estacionaria.

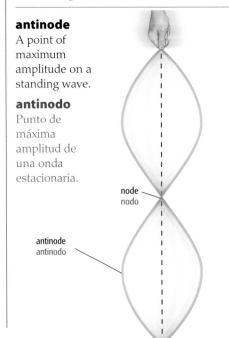

node
nodo

antinode
antinodo

## anus
The opening at the end of an organism's digestive system (in humans, the rectum) through which waste material is eliminated from the body.

### ano
Orificio al final del sistema digestivo de un organismo (el recto, en los humanos) por el que se eliminan los desechos del cuerpo.

anus
ano

mouth
boca

## aorta
The largest artery in the body; receives blood from the left ventricle.

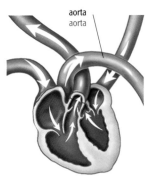

aorta
aorta

### aorta
La arteria más grande del cuerpo; recibe sangre del ventrículo izquierdo.

## apparent brightness
The brightness of a star as seen from Earth.

### magnitud aparente
Brillo de una estrella vista desde la Tierra.

## aquaculture
The practice of raising fish and other water-dwelling organisms for food.

### acuicultura
Técnica del cultivo de peces y otros organismos acuáticos para consumo humano.

aquifer
acuífero

## aquifer
An underground layer of rock or sediment that holds water.

## acuífero
Capa subterránea de roca o sedimento que retiene agua.

## artery
A blood vessel that carries blood away from the heart.

## arteria
Vaso sanguíneo que transporta la sangre que sale del corazón.

aorta
aorta

pulmonary artery
arteria pulmonar

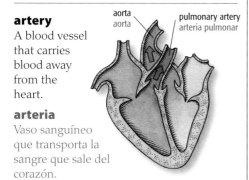

artesian well
pozo artesiano

## artesian well
A well in which water rises because of pressure within the aquifer.

## pozo artesiano
Pozo por el que el agua se eleva debido a la presión dentro del acuífero.

## arthropod
An invertebrate that has an external skeleton, a segmented body, and jointed appendages.

## artrópodo
Invertebrado que tiene un esqueleto externo, un cuerpo segmentado y apéndices articulados.

## asexual reproduction
A reproductive process that involves only one parent and produces offspring that are genetically identical to the parent.

## reproducción asexual
Proceso reproductivo que consiste de un solo reproductor y que produce individuos que son genéticamente idénticos al reproductor.

## asteroid
One of the rocky objects revolving around the sun that are too small and numerous to be considered planets.

## asteroide
Uno de los cuerpos rocosos que se mueven alrededor del Sol y que son demasiado pequeños y numerosos como para ser considerados planetas.

## asteroid belt
The region of the solar system between the orbits of Mars and Jupiter, where many asteroids are found.

## cinturón de asteroides
Región del sistema solar entre las órbitas de Marte y Júpiter, donde se encuentran muchos asteroides.

## asthenosphere
The soft layer of the mantle on which the lithosphere floats.

## astenósfera
Capa suave del manto en la que flota la litósfera.

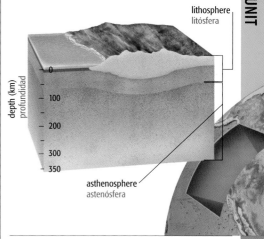

lithosphere
litósfera

depth (km)
profundidad

0
100
200
300
350

asthenosphere
astenósfera

## asthma
A disease in which the airways in the lungs narrow significantly.

## asma
Enfermedad en la que las vías respiratorias de los pulmones se estrechan considerablemente.

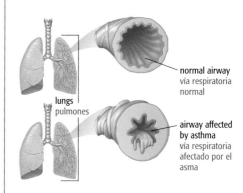

normal airway
vía respiratoria normal

lungs
pulmones

airway affected by asthma
vía respiratoria afectada por el asma

## astronomical unit
A unit of distance equal to the average distance between Earth and the sun, about 150 million kilometers.

## unidad astronómica
Unidad de medida equivalente a la distancia media entre la Tierra y el Sol, aproximadamente 150 millones de kilómetros.

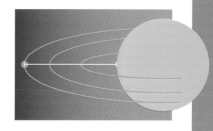

## atherosclerosis
A condition in which an artery wall thickens as a result of the buildup of fatty materials.

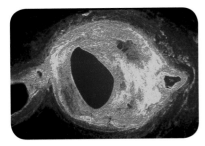

### aterosclerosis
Condición en la que la pared de una arteria se hace más gruesa debido a la acumulación de materia grasa.

## atmosphere
The relatively thin layer of gases that form Earth's outermost layer.

### atmósfera
Capa de gases relativamente delgada que forma la capa exterior de la Tierra.

## atom
The basic particle from which all elements are made; the smallest particle of an element that has the properties of that element.

### átomo
Partícula básica de la que todos los elementos están formados; partícula más pequeña de un elemento, que tiene las propiedades de ese elemento.

## atomic mass
The average mass of all the isotopes of an element.

### masa atómica
Promedio de la masa de todos los isótopos de un elemento.

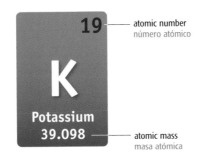

19 — atomic number / número atómico

**K**
Potassium
39.098 — atomic mass / masa atómica

## atomic number
The number of protons in the nucleus of an atom.

### número atómico
Número de protones en el núcleo de un átomo.

## atrium
An upper chamber of the heart that receives blood.

### aurícula
Cavidad superior del corazón que recibe la sangre.

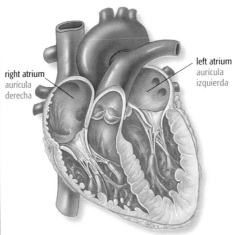

right atrium
aurícula derecha

left atrium
aurícula izquierda

## autonomic nervous system
The group of nerves in the peripheral nervous system that controls involuntary actions.

### sistema nervioso autónomo
Grupo de nervios del sistema nervioso periférico que controla las acciones involuntarias.

## autotroph
An organism that is able to capture energy from sunlight or chemicals and use it to produce its own food.

### autótrofo
Organismo capaz de capturar y usar la energía solar o de sustancias químicas para producir su propio alimento.

## auxin
A plant hormone that speeds up the rate at which a plant's cells grow and controls a plant's response to light.

### auxina
Hormona vegetal que acelera la velocidad del crecimiento de las células de una planta y que controla la respuesta de la planta a la luz.

## average speed
The overall rate of speed at which an object moves; calculated by dividing the total distance an object travels by the total time.

### velocidad media
Índice de velocidad general de un objeto en movimiento; se calcula dividiendo la distancia total recorrida por el tiempo total empleado.

## axis
An imaginary line that passes through a planet's center and its north and south poles, about which the planet rotates.

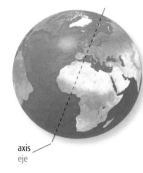
axis
eje

## eje
Línea imaginaria alrededor de la cual gira un planeta, y que atraviesa su centro y sus dos polos, norte y sur.

## axon
A threadlike extension of a neuron that carries nerve impulses away from the cell body.

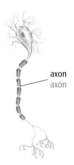
axon
axón

## axón
Extensión con forma de hilo de una neurona que transmite los impulsos nerviosos del cuerpo de la célula.

## B cell
A lymphocyte that produces proteins that help destroy pathogens.

## célula B
Linfocito que produce proteínas que ayudan a destruir patógenos.

## bacteria
Single-celled organisms that lack a nucleus; prokaryotes.

## bacteria
Organismos unicelulares que no tienen un núcleo; procariotas.

## barometer
An instrument used to measure changes in air pressure.

## barómetro
Instrumento que se usa para medir cambios de la presión del aire.

---

## basalt
A dark, dense, igneous rock with a fine texture, found in oceanic crust.

## basalto
Roca ígnea, oscura y densa, de textura lisa, que se encuentra en la corteza oceánica.

## base
A substance that tastes bitter, feels slippery, and turns red litmus paper blue.

## base
Sustancia de sabor amargo, escurridiza y que vuelve azul el papel de tornasol rojo.

## batholith
A mass of rock formed when a large body of magma cools inside the crust.

## batolito
Masa de roca formada cuando una gran masa de magma se enfría dentro de la corteza terrestre.

## beach
Wave-washed sediment along a coast.

## playa
Sedimento depositado por las olas a lo largo de una costa.

---

## bedrock
Rock that makes up Earth's crust; also the solid rock layer beneath the soil.

## lecho rocoso
Roca que compone la corteza terrestre; también, la capa sólida de roca debajo del suelo.

bedrock
lecho rocoso

## behavior
The manner in which an organism reacts to changes in its internal conditions or external environment.

## comportamiento
Manera en la que un organismo reacciona a un cambio en sus condiciones internas o en su medio ambiente externo.

## benefit
A good consequence of taking an action.

## beneficio
Buena consecuencia de una acción.

## benthos
Organisms that live on the bottom of the ocean or another body of water.

## bentos
Organismos que viven en el fondo del océano u otro cuerpo de agua.

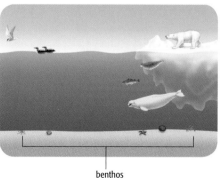
benthos
bentos

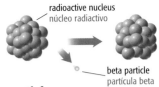

radioactive nucleus
núcleo radiactivo

beta particle
partícula beta

## beta particle
A fast-moving electron that is given off as nuclear radiation.

## partícula beta
Electrón de movimiento rápido producido como radiación nuclear.

## biennial
A flowering plant that completes its life cycle in two years.

## bienal
Planta con flores que completa su ciclo de vida en dos años.

## big bang
The initial explosion that resulted in the formation and expansion of the universe.

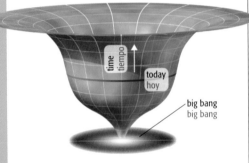

time
tiempo

today
hoy

big bang
big bang

## big bang
Explosión inicial que resultó en la formación y expansión del universo.

## bilateral symmetry
A body plan in which a single imaginary line divides the body into left and right sides that are mirror images of each other.

## simetría bilateral
Esquema del cuerpo en el que una línea imaginaria divide el cuerpo en dos partes, izquierda y derecha, que son el reflejo la una de la otra.

bile
bilis

## bile
A substance produced by the liver that breaks up fat particles.

## bilis
Sustancia producida por el hígado que descompone partículas grasas.

## binary fission
A form of asexual reproduction in which one cell divides, forming two identical cells.

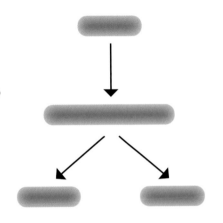

## fisión binaria
Forma de reproducción asexual en la que una célula se divide y forma dos células idénticas.

## binary star
A star system with two stars.

## estrella binaria
Sistema estelar de dos estrellas.

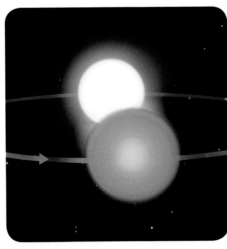

## binomial nomenclature
The classification system in which each organism is given a unique, two-part scientific name indicating its genus and species.

genus *Bubo*
género *Bubo*

species *Bubo virginianus*
especie *Bubo virginianus*

## nomenclatura binaria
Sistema de clasificación en el que cada organismo tiene un nombre científico específico de dos partes que indica el género y la especie.

## biodegradable
Capable of being broken down by bacteria and other decomposers.

## biodegradable
Sustancia que las bacterias y otros descomponedores pueden descomponer.

## biodiversity
The total number of different species on Earth, including those on land, in the water, and in the air.

## biodiversidad
Número total de especies diferentes que habitan la Tierra, incluyendo especies terrestres, marinas y del aire.

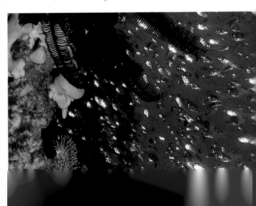

**bioengineering**
The branch of engineering that involves applying engineering principles to biology and medicine.

**bioingeniería**
Rama de la ingeniería que consiste en aplicar los principios de la ingeniería a la biología y la medicina.

**biogeography**
The study of where organisms live and how they got there.

**biogeografía**
Estudio del hábitat de los organismos y de cómo han llegado a ese hábitat.

**biomass fuel**
Fuel made from living things.

**combustible de biomasa**
Combustible creado a partir de seres vivos.

**biome**
A group of ecosystems with similar climates and organisms.

**bioma**
Grupo de ecosistemas con organismos y climas parecidos.

**biosphere**
The parts of Earth that contain living organisms.

**biósfera**
Partes de la Tierra que contienen organismos vivos.

**biotic factor**
A living or once living part of an organism's habitat.

**factor biótico**
Parte viva, o que alguna vez tuvo vida, del hábitat de un organismo.

**bird**
A vertebrate whose body temperature is regulated by its internal heat, lays eggs, and has feathers and a four-chambered heart.

**ave**
Vertebrado cuya temperatura corporal es regulada por su calor interno, que produce huevos y que tiene plumas y un corazón de cuatro cavidades.

| Year | Births | Deaths |
|---|---|---|
| 1 | 32 | 8 |
| 2 | 28 | 13 |
| 3 | 47 | 21 |
| 4 | 33 | 16 |

**Data Table**

**birth rate**
The number of births per 1,000 individuals for a certain time period.

**tasa de natalidad**
Número de nacimientos por 1.000 individuos durante un período de tiempo determinado.

**black hole**
An object whose gravity is so strong that nothing, not even light, can escape.

**agujero negro**
Cuerpo cuya gravedad es tan fuerte que nada, ni siquiera la luz, puede escapar.

**blood pressure**
The force that is exerted by the blood against the walls of blood vessels.

**presión arterial**
Fuerza que ejerce la sangre contra las paredes de los vasos sanguíneos.

### boiling
Vaporization that occurs at and below the surface of a liquid.

**ebullición**
Evaporación que ocurre en y bajo la superficie de un líquido.

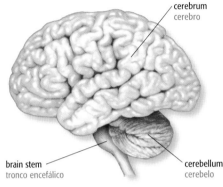

### boiling point
The temperature at which a liquid boils.

**punto de ebullición**
Temperatura a la cual hierve un líquido.

### boreal forest
Dense forest of evergreens located in the upper regions of the Northern Hemisphere.

**bosque boreal**
Bosque denso donde abundan las plantas coníferas y que se encuentra en las regiones más al norte del Hemisferio Norte.

### Boyle's law
A principle that describes the relationship between the pressure and volume of a gas at constant temperature.

**ley de Boyle**
Principio que describe la relación entre la presión y el volumen de un gas a una temperatura constante.

### brain
**1.** An organized grouping of neurons in the head of an animal with bilateral symmetry. **2.** The part of the central nervous system that is located in the skull and controls most functions in the body.

**encéfalo**
**1.** Conjunto organizado de neuronas ubicado en la cabeza de animales con simetría bilateral. **2.** Parte del sistema nervioso ubicada en el cráneo y que controla la mayoría de las funciones del cuerpo.

cerebrum
cerebro

cerebellum
cerebelo

brain stem
tronco encefálico

### brain stem
The part of the brain that lies between the cerebellum and spinal cord and controls the body's involuntary actions.

**tronco encefálico**
Parte del encéfalo que se encuentra entre el cerebelo y la médula espinal, y que controla las acciones involuntarias del cuerpo.

### brainstorming
A process in which group members freely suggest any creative solutions that come to mind.

**lluvia de ideas**
Proceso mediante el cual los miembros de un grupo sugieren libremente cualquier solución creativa que se les ocurre.

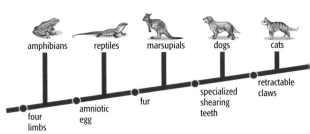

amphibians   reptiles   marsupials   dogs   cats

four limbs   amniotic egg   fur   specialized shearing teeth   retractable claws

### branching tree diagram
A diagram that shows probable evolutionary relationships among organisms and the order in which specific characteristics may have evolved.

**árbol ramificado**
Diagrama que muestra las relaciones evolucionarias probables entre los organismos y el orden en que ciertas características específicas podrían haber evolucionado.

### bronchi
The passages that direct air into the lungs.

**bronquios**
Conductos que dirigen el aire hacia los pulmones.

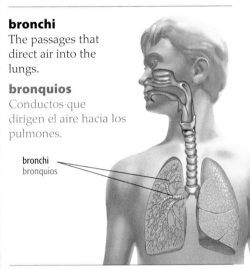

bronchi
bronquios

### bronchitis
An irritation of the breathing passages in which the small passages become narrower than normal and may be clogged with mucus.

**bronquitis**
Irritación de los conductos respiratorios en la que los conductos pequeños se estrechan más de lo normal y se pueden obstruir con mucosidad.

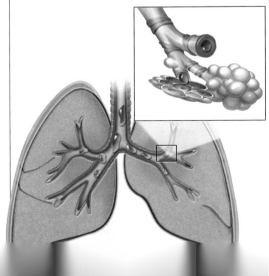

### budding
A form of asexual reproduction in which a new organism grows out of the body of a parent.

### gemación
Forma de reproducción asexual en la que una porción del cuerpo de un reproductor se separa y forma un nuevo organismo.

### caldera
The large hole at the top of a volcano formed when the roof of a volcano's magma chamber collapses.

### caldera
Gran agujero en la parte superior de un volcán que se forma cuando la tapa de la cámara magmática de un volcán se desploma.

### calendar
A system of organizing time that defines the beginning, length, and divisions of a year.

### calendario
Sistema de organización del tiempo que define el principio, la duración y las divisiones de un año.

---

| Nutrition Facts | |
|---|---|
| Serving Size 7 pieces (42 g) | |
| Servings Per Container about 6 | |
| **Amount Per Serving** | |
| **Calories** 250 Calories from Fat 110 | |
| | **% Daily Value\*** |
| **Total Fat** 12 g | **17%** |
| Saturated Fat 6 g | **30%** |
| Trans Fat 0 g | |
| Cholesterol 5 mg | **2%** |
| **Sodium** 80 mg | **3%** |
| **Total Carbohydrate** 35 g | **8%** |
| Dietary Fiber 1 g | **4%** |
| Sugars 45 g | |
| **Protein** 3 g | |

### calorie
The amount of energy needed to raise the temperature of one gram of water by 1°C.

### caloría
Cantidad de energía que se necesita para elevar en 1 °C la temperatura de un gramo de agua.

### cambium
A layer of cells in a plant that produces new phloem and xylem cells.

### cámbium
Una capa de células de una planta que produce nuevas células de floema y xilema.

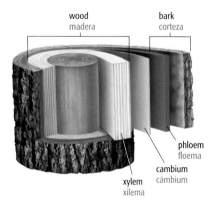

wood / madera  
bark / corteza  
phloem / floema  
cambium / cámbium  
xylem / xilema

### camera
An optical instrument that uses lenses to focus light, and film or an electronic sensor to record an image of an object.

### cámara
Instrumento óptico que usa lentes para enfocar la luz, y película o un sensor electrónico para grabar la imagen de un objeto.

---

### cancer
A disease in which some body cells grow and divide uncontrollably, damaging the parts of the body around them.

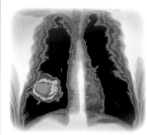

### cáncer
Enfermedad en la que algunas células del cuerpo crecen y se dividen sin control, y causan daño a las partes del cuerpo que las rodean.

### canopy
A leafy roof formed by tall trees in a rain forest.

canopy  
dosel

### dosel
Techo de hojas que forman los árboles en la selva tropical.

### capillary
A tiny blood vessel where substances are exchanged between the blood and the body cells.

### capilar
Vaso sanguíneo diminuto donde se intercambian sustancias entre la sangre y las células del cuerpo.

### captive breeding
The mating of animals in zoos or wildlife preserves.

### reproducción en cautiverio
Apareamiento de animales en zoológicos y reservas naturales.

### carbohydrate
An energy-rich organic compound, such as a sugar or a starch, that is made of the elements carbon, hydrogen, and oxygen.

### carbohidrato
Compuesto orgánico rico en energía, como un azúcar o almidón, formado por los elementos carbono, hidrógeno y oxígeno.

### carbon film
A type of fossil consisting of an extremely thin coating of carbon on rock.

### película de carbono
Tipo de fósil que consiste en una capa de carbono extremadamente fina que recubre la roca.

### carbon monoxide
A colorless, odorless gas produced when substances—including tobacco—are burned.

### monóxido de carbono
Gas incoloro e inodoro producido cuando se queman algunas sustancias, entre ellas el tabaco.

### carcinogen
A substance or a factor in the environment that can cause cancer.

### carcinógeno
Sustancia o factor ambiental que puede causar cáncer.

### cardiac muscle
Involuntary muscle tissue found only in the heart.

### músculo cardiaco
Tejido de músculo involuntario, que sólo se encuentra en el corazón.

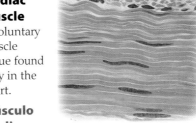

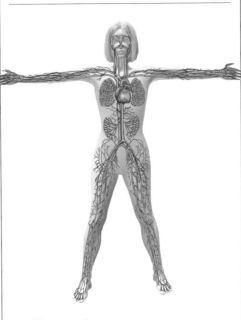

### cardiovascular system
The body system that consists of the heart, blood vessels, and blood; also called the circulatory system.

### sistema cardiovascular
Sistema corporal formado por el corazón, los vasos sanguíneos y la sangre; se conoce también como sistema circulatorio.

### carnivore
A consumer that obtains energy by eating only animals.

### carnívoro
Consumidor que adquiere su energía al alimentarse de animales solamente.

### carrier
A person who has one recessive allele and one dominant allele for a trait.

### portador
Persona que tiene un alelo recesivo y un alelo dominante para un rasgo.

father
$X^c$  □  Y
mother $X^c$
$X^cX^c$  $X^cY$
$X^c$
$X^cX^c$  $X^cY$

### carrying capacity
The largest population that a particular environment can support.

### capacidad de carga
Población mayor que un ambiente en particular puede mantener.

### cartilage
A connective tissue that is more flexible than bone and that protects the ends of bones and keeps them from rubbing together.

cartilage
cartílago

### cartílago
Tejido conector más flexible que el hueso, que protege los extremos de los huesos y evita que se rocen.

### cast
A fossil that is a solid copy of an organism's shape, formed when minerals seep into a mold.

### vaciado
Fósil que es una copia sólida de la forma de un organismo y que se forma cuando los minerales se filtran y crean un molde.

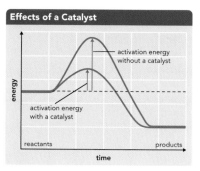

**Effects of a Catalyst**

## catalyst
A material that increases the rate of a reaction by lowering the activation energy.

## catalizador
Material que aumenta la velocidad de una reacción al disminuir la energía de activación.

## cell
The basic unit of structure and function in living things.

## célula
Unidad básica de la estructura y función de todos los seres vivos.

plant cell
célula de planta

## cell cycle
The series of events in which a cell grows, prepares for division, and divides to form two daughter cells.

## ciclo celular
Serie de sucesos en los que una célula crece, se prepara para dividirse y se divide para formar dos células hijas.

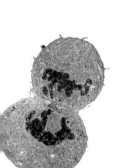

## cell membrane
A thin, flexible barrier that surrounds a cell and controls which substances pass into and out of a cell.

## membrana celular
Barrera delgada y flexible alrededor de la célula, que controla lo que entra y sale de la célula.

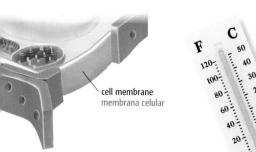

cell membrane
membrana celular

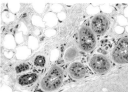

animal cells
células de animal

## cell theory
A widely accepted explanation of the relationship between cells and living things.

## teoría celular
Explicación ampliamente aceptada sobre la relación entre las células y los seres vivos.

plant cells
células de planta

## cell wall
A rigid supporting layer that surrounds the cells of plants and some other organisms.

## pared celular
Capa fuerte de apoyo alrededor de las células de las plantas y algunos otros organismos.

cell wall
pared celular

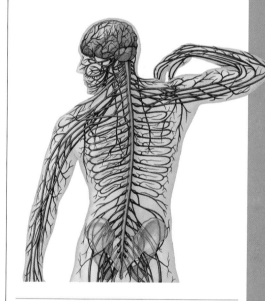

## cellular respiration
The process in which oxygen and glucose undergo a complex series of chemical reactions inside cells, releasing energy.

## respiración celular
Proceso en el cual el oxígeno y la glucosa pasan por una serie compleja de reacciones químicas dentro de las células y así liberan energía.

## Celsius scale
The temperature scale on which water freezes at 0°C and boils at 100°C.

### escala Celsius
Escala de temperatura en la que el punto de congelación del agua es 0 °C y el punto de ebullición es 100 °C.

## cementation
The process by which dissolved minerals crystallize and glue particles of sediment together into one mass.

## cementación
Proceso mediante el cual minerales disueltos se cristalizan y forman una masa de partículas de sedimento.

## central nervous system
The division of the nervous system consisting of the brain and spinal cord.

## sistema nervioso central
División del sistema nervioso formada por el cerebro y la médula espinal.

## centripetal force
A force that causes an object to move in a circle.

## fuerza centrípeta
Fuerza que hace que un objeto se mueva circularmente.

### cerebellum
The part of the brain that coordinates the actions of the muscles and helps maintain balance.

### cerebelo
Parte del encéfalo que coordina las acciones de los músculos y ayuda a mantener el equilibrio.

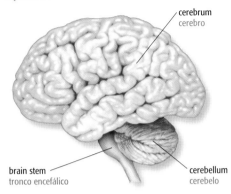

cerebrum
cerebro

brain stem
tronco encefálico

cerebellum
cerebelo

### cerebrum
The part of the brain that interprets input from the senses, controls movement, and carries out complex mental processes.

### cerebro
Parte del encéfalo que interpreta los estímulos de los sentidos, controla el movimiento y realiza procesos mentales complejos.

### Charles's law
A principle that describes the relationship between the temperature and volume of a gas at constant pressure.

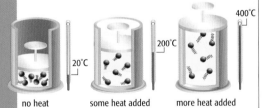

no heat
sin aporte
de calor

some heat added
con cierto aporte
de calor

more heat added
con más aporte
de calor

20°C

200°C

400°C

### ley de Charles
Principio que describe la relación entre la temperatura y el volumen de un gas a una presión constante.

### chemical bond
The force of attraction that holds two atoms together.

### enlace químico
Fuerza de atracción que mantiene juntos a dos átomos.

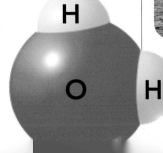

### chemical change
A change in which one or more substances combine or break apart to form new substances.

### cambio químico
Cambio en el cual una o más sustancias se combinan o se descomponen para formar sustancias nuevas.

### chemical energy
A form of potential energy that is stored in chemical bonds between atoms.

### energía química
Forma de energía potencial almacenada en los enlaces químicos de los átomos.

### chemical engineering
The branch of engineering that deals with the conversion of chemicals into useful products.

### ingeniería química
Rama de la ingeniería que trata de la conversión de las sustancias químicas en productos útiles.

### chemical equation
A short, easy way to show a chemical reaction, using symbols.

### ecuación química
Forma corta y sencilla de mostrar una reacción química usando símbolos.

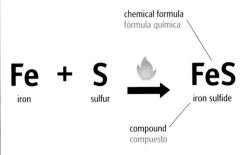

chemical formula
fórmula química

Fe + S → FeS

iron     sulfur     iron sulfide

compound
compuesto

### chemical formula
Symbols that show the elements in a compound and the ratio of atoms.

### fórmula química
Símbolos que muestran los elementos de un compuesto y la cantidad de átomos.

### chemical property
A characteristic of a substance that describes its ability to change into different substances.

### propiedad química
Característica de una sustancia que describe su capacidad de convertirse en sustancias diferentes.

### chemical reaction
A process in which substances change into new substances with different properties.

### reacción química
Proceso por el cual las sustancias químicas se convierten en nuevas sustancias con propiedades diferentes.

## chemical rock
Sedimentary rock that forms when minerals crystallize from a solution.

### roca química
Roca sedimentaria que se forma cuando los minerales de una solución se cristalizan.

## chemical symbol
A one- or two-letter representation of an element.

### símbolo químico
Representación con una o dos letras de un elemento.

## chemical weathering
The process that breaks down rock through chemical changes.

### desgaste químico
Proceso que erosiona la roca mediante cambios químicos.

## chemistry
The study of the properties of matter and how matter changes.

### química
Estudio de las propiedades de la materia y de sus cambios.

## chemotherapy
The use of drugs to treat diseases such as cancer.

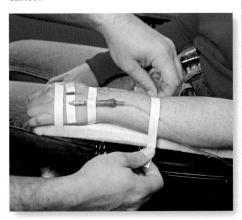

### quimioterapia
Uso de medicamentos para tratar enfermedades como el cáncer.

## chlorofluorocarbons
Human-made gases containing chlorine and fluorine (also called CFCs) that are the main cause of ozone depletion.

### clorofluorocarbonos
Gases generados por el hombre, que contienen cloro y flúor (también llamados CFC) y que son la causa principal del deterioro de la capa de ozono.

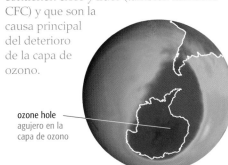

ozone hole
agujero en la capa de ozono

## chlorophyll
A green photosynthetic pigment found in the chloroplasts of plants, algae, and some bacteria.

### clorofila
Pigmento verde fotosintético de los cloroplastos de las plantas, algas y algunas bacterias.

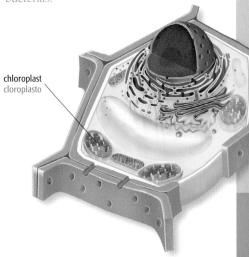

chloroplast
cloroplasto

## chloroplast
An organelle in the cells of plants and some other organisms that captures energy from sunlight and changes it to an energy form that cells can use in making food.

### cloroplasto
Orgánulo de las células vegetales y otros organismos que absorbe energía de la luz solar y la convierte en una forma de energía que las células pueden usar para producir alimentos.

## chordate
An animal that has a notochord, a nerve cord, and throat pouches at some point in its life.

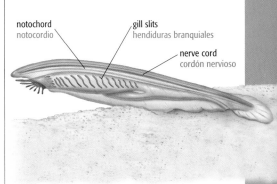

notochord
notocordio

gill slits
hendiduras branquiales

nerve cord
cordón nervioso

### cordado
Animal que tiene un notocordio, un cordón nervioso y bolsas en la garganta en determinada etapa de su vida.

## chromosome

A threadlike structure within a cell's nucleus that contains DNA that is passed from one generation to the next.

### cromosoma

Estructura filamentosa en el núcleo celular que contiene el ADN que se transmite de una generación a la siguiente.

## chromosphere

The middle layer of the sun's atmosphere.

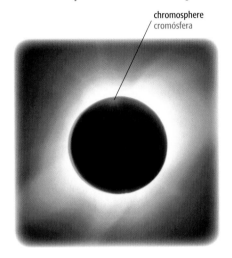

chromosphere
cromósfera

### cromósfera

Capa central de la atmósfera solar.

## cilia

Tiny, hairlike projections on the outside of cells that move in a wavelike manner.

### cilio

Estructuras diminutas parecidas a pelos, ubicadas en el exterior de las células y que ondulan.

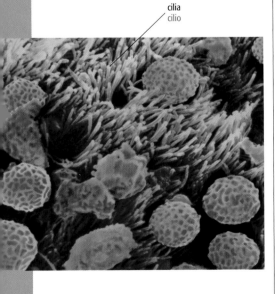

cilia
cilio

## cinder cone

A steep, cone-shaped hill or small mountain made of volcanic ash, cinders, and bombs piled up around a volcano's opening.

### cono de escoria

Colina o pequeña montaña escarpada en forma de cono que se forma cuando ceniza volcánica, escoria y bombas se acumulan alrededor del cráter de un volcán.

## circadian rhythm

A behavioral cycle that occurs over a period of about one day.

### ritmo circadiano

Ciclo de comportamiento que ocurre durante el transcurso de aproximadamente un día.

## circuit breaker

A reusable safety switch that breaks the circuit when the current becomes too high.

### interruptor de circuito

Interruptor de seguridad reutilizable que corta un circuito cuando la corriente es demasiado alta.

## circulatory system

An organ system that transports needed materials to cells and removes wastes.

### sistema circulatorio

Sistema de órganos que transporta los materiales que la célula necesita y elimina los desechos.

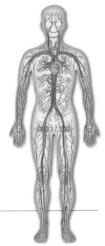

## cirrus

Wispy, feathery clouds made of ice crystals that form at high levels.

### cirros

Nubes que parecen plumas o pinceladas y que están formadas por cristales de hielo que se crean a grandes alturas.

## civil engineering

The branch of engineering that includes the design and construction of roads, bridges, and buildings.

### ingeniería civil

Rama de la ingeniería que incluye el diseño y la construcción de caminos, puentes y edificios.

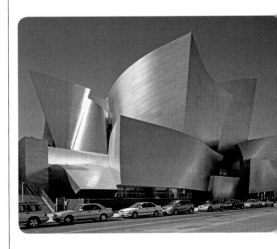

## classification
The process of grouping things based on their similarities.

**clasificación**
Proceso de agrupar cosas según sus semejanzas.

## classifying
The process of grouping together items that are alike in some way.

**clasificar**
Proceso de agrupar objetos con algún tipo de semejanza.

## clastic rock
Sedimentary rock that forms when rock fragments are squeezed together under high pressure.

**roca clástica**
Roca sedimentaria que se forma cuando fragmentos de roca se unen bajo gran presión.

## clear-cutting
The process of cutting down all the trees in an area at once.

**tala total**
Proceso de cortar simultáneamente todos los árboles de un área.

## cleavage
A mineral's ability to split easily along flat surfaces.

**exfoliación**
Facilidad con la que un mineral se divide en capas planas.

## climate
The average annual conditions of temperature, precipitation, winds, and clouds in an area.

**clima**
Condiciones promedio anuales de temperatura, precipitación, viento y nubosidad de un área.

## clone
An organism that is genetically identical to the organism from which it was produced.

**clon**
Organismo genéticamente idéntico al organismo del que proviene.

## closed circulatory system
A circulatory system in which blood moves only within a connected network of blood vessels and the heart.

**sistema circulatorio cerrado**
Sistema circulatorio en el que la sangre viaja sólo dentro de una red de vasos sanguíneos hacia el corazón.

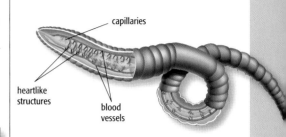

capillaries

heartlike structures

blood vessels

## closed system
A system in which no matter is allowed to enter or leave.

**sistema cerrado**
Sistema en el cual la materia no puede entrar ni salir.

## cnidarian
A radially symmetrical invertebrate that uses stinging cells to capture food and defend itself.

**cnidario**
Invertebrado de simetría radiada que usa células urticantes para obtener alimentos y defenderse.

## cochlea
A fluid-filled cavity in the inner ear that is shaped like a snail shell and lined with receptor cells that respond to sound.

**cóclea**
Cavidad llena de fluido situada en el oído interno, con forma de caracol, forrada de células receptoras que responden a los sonidos.

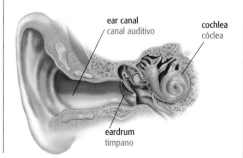

ear canal
canal auditivo

cochlea
cóclea

eardrum
tímpano

## codominance
A situation in which both alleles for a gene are expressed equally.

## codominancia
Situación en la que ambos alelos de un gen se manifiestan de igual manera.

## coefficient
A number in front of a chemical formula in an equation that indicates how many molecules or atoms of each reactant and product are involved in a reaction.

$$2\,H_2O_2 \longrightarrow 2\,H_2O + O_2$$

## coeficiente
En un ecuación, número delante de una fórmula química que indica cuántas moléculas o átomos de cada reactante y producto intervienen en una reacción.

## colloid
A mixture containing small, undissolved particles that do not settle out.

## coloide
Mezcla que contiene partículas pequeñas y sin disolver que no se depositan.

## coma
The fuzzy outer layer of a comet.

## coma
Capa exterior y difusa de un cometa.

## comet
A loose collection of ice and dust that orbits the sun, typically in a long, narrow orbit.

## cometa
Cuerpo poco denso de hielo y polvo que orbita alrededor del Sol. Generalmente su órbita es larga y estrecha.

## commensalism
A type of symbiosis between two species in which one species benefits and the other species is neither helped nor harmed.

## comensalismo
Tipo de relación simbiótica entre dos especies en la cual una especie se beneficia y la otra especie ni se beneficia ni sufre daño.

## community
All the different populations that live together in a particular area.

## comunidad
Todas las poblaciones distintas que habitan en un área específica.

## compact bone
Hard and dense, but not solid, bone tissue that is beneath the outer membrane of a bone.

## hueso compacto
Tejido de hueso denso y duro, pero no sólido, que se encuentra debajo de la membrana externa de un hueso.

compact bone
hueso compacto

## compaction
The process by which sediments are pressed together under their own weight.

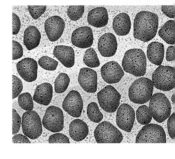

## compactación
Proceso mediante el cual los sedimentos se unen por la presión de su propio peso.

## compass
A device with a magnetized needle that can spin freely; a compass needle always points north.

## brújula
Instrumento con una aguja imantada que puede girar libremente; la aguja siempre apunta hacia el norte.

## competition
The struggle between organisms to survive as they attempt to use the same limited resources in the same place at the same time.

## competencia
Lucha por la supervivencia entre organismos que se alimentan de los mismos recursos limitados en el mismo lugar y al mismo tiempo.

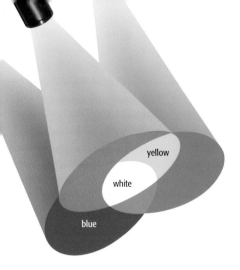

## complementary colors
Any two colors that combine to form white light.

### colores complementarios
Dos colores cualesquiera que se combinan para crear luz blanca.

## complete metamorphosis
A type of metamorphosis with four distinct stages: egg, larva, pupa, and adult.

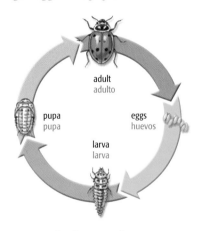

### metamorfosis completa
Tipo de metamorfosis de cuatro etapas: huevo, larva, pupa y adulto.

## composite volcano
A tall, cone-shaped mountain in which layers of lava alternate with layers of ash and other volcanic materials.

### volcán compuesto
Montaña alta en forma de cono en la que las capas de lava se alternan con capas de ceniza y otros materiales volcánicos.

## compound
A substance made of two or more elements chemically combined in a specific ratio, or proportion.

copper sulfide

### compuesto
Sustancia formada por dos o más elementos combinados químicamente en una razón o proporción específica.

## compound machine
A device that combines two or more simple machines.

### máquina compuesta
Dispositivo que combina dos o más máquinas simples.

## compression
1. Stress that squeezes rock until it folds or breaks. 2. The part of a longitudinal wave where the particles of the medium are close together.

### compresión
1. Fuerza que oprime una roca hasta que se pliega o se rompe. 2. Parte de una onda longitudinal en la que las partículas del medio están muy próximas unas con otras.

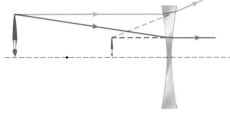

## concave lens
A lens that is thinner in the center than at the edges.

### lente cóncava
Lente que es más fina en el centro que en los extremos.

## concave mirror
A mirror with a surface that curves inward.

### espejo cóncavo
Espejo cuya superficie se curva hacia dentro.

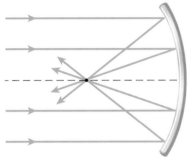

## concentrated solution
A mixture that has a lot of solute dissolved in it.

### solución concentrada
Mezcla que tiene muchos solutos disueltos en ella.

## concentration
The amount of one material in a certain volume of another material.

### concentración
Cantidad de un material en cierto volumen de otro material.

### concussion
A bruiselike injury of the brain that occurs when the soft tissue of the brain collides against the skull.

### contusión
Magulladura del encéfalo que ocurre cuando el tejido suave del encéfalo choca con el cráneo.

### condensation
The change in state from a gas to a liquid.

### condensación
Cambio del estado gaseoso al estado líquido.

### conditioning
The process of learning to connect a stimulus or a response with a good or bad outcome.

### condicionamiento
Proceso en el que se aprende a relacionar un estímulo o una respuesta con un resultado bueno o malo.

### conduction
**1.** The transfer of thermal energy from one particle of matter to another. **2.** A method of charging an object by allowing electrons to flow from one object to another object through direct contact.

### conducción
**1.** Transferencia de energía térmica de una partícula de materia a otra. **2.** Método de transferencia de electricidad que consiste en permitir que los electrones fluyan por contacto directo de un cuerpo a otro.

### conductor
**1.** A material that conducts heat well. **2.** A material that allows electric charges to flow.

### conductor
**1.** Material que puede conducir bien el calor. **2.** Material que permite que las cargas eléctricas fluyan.

### cone
The reproductive structure of a gymnosperm.

### cono
Estructura reproductora de una gimnosperma.

### cones
Cells in the retina that respond to and detect color.

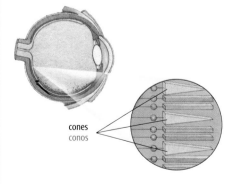

cones
conos

### conos
Células en la retina que responden y detectan el color.

### coniferous tree
A tree that produces its seeds in cones and that has needle-shaped leaves coated in a waxy substance to reduce water loss.

### árbol conífero
Árbol que produce sus semillas en piñones y que tiene hojas en forma de aguja y cubiertas por una sustancia cerosa que reduce la pérdida de agua.

### conjugation
A form of sexual reproduction in which a unicellular organism transfers some of its genetic material to another unicellular organism.

### conjugación
Forma de reproducción sexual en la que un organismo unicelular transfiere su material genético a otro organismo unicelular.

### connective tissue
A body tissue that provides support for the body and connects all its parts.

### tejido conector
Tejido del cuerpo que mantiene la estructura del cuerpo y une todas sus partes.

## conservation

The practice of using less of a resource so that it can last longer.

## conservación

Práctica que consiste en reducir el uso de un recurso para prolongar su duración.

## conservation of charge

The law that states that charges are neither created nor destroyed.

## conservación de carga eléctrica

Ley que establece que las cargas no se crean ni se destruyen.

## conservation plowing

Soil conservation method in which weeds and dead stalks from the previous year's crop are plowed into the ground.

## arado de conservación

Método de conservación de la tierra en el que las plantas y los tallos muertos de la cosecha del año anterior se dejan en la tierra al ararla.

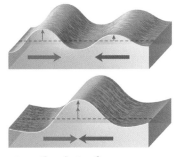

## constellation

A pattern or grouping of stars that people imagine to represent a figure or object.

## constelación

Patrón de estrellas que se dice se asemeja a una figura u objeto.

## constraint

Any factor that limits a design.

## restricción

Cualquier factor que limita un diseño.

## constructive force

Any natural process that builds up Earth's surface.

## fuerza constructiva

Proceso natural que incrementa la superficie de la Tierra.

## constructive interference

The interference that occurs when two waves combine to make a wave with an amplitude larger than the amplitude of either of the individual waves.

## interferencia constructiva

Interferencia que ocurre cuando se combinan ondas para crear una onda con una amplitud mayor a la de cualquiera de las ondas individuales.

## consumer

An organism that obtains energy by feeding on other organisms.

## consumidor

Organismo que obtiene energía al alimentarse de otros organismos.

## continental (air mass)

A dry air mass that forms over land.

## masa de aire continental

Masa de aire seco que se forma sobre la Tierra.

## continental climate

The climate of the centers of continents, with cold winters and warm or hot summers.

## clima continental

Clima del centro de los continentes, con inviernos fríos y veranos templados o calurosos.

### continental drift
The hypothesis that the continents slowly move across Earth's surface.

### deriva continental
Hipótesis que sostiene que los continentes se desplazan lentamente sobre la superficie de la Tierra.

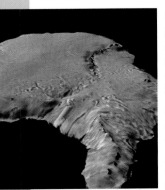

### continental glacier
A glacier that covers much of a continent or large island.

### glaciar continental
Glaciar que cubre gran parte de un continente o una isla grande.

### continental shelf
A gently sloping, shallow area of the ocean floor that extends outward from the edge of a continent.

### plataforma continental
Área poco profunda con pendiente suave en la cuenca oceánica que se extiende desde los márgenes de un continente.

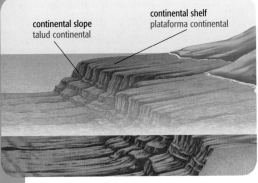

continental slope
talud continental

continental shelf
plataforma continental

### continental slope
A steep incline of the ocean floor leading down from the edge of the continental shelf.

### talud continental
Región de la cuenca oceánica con pendiente empinada que baja del borde de la plataforma continental.

### contour interval
The difference in elevation from one contour line to the next.

### intervalo entre curvas de nivel
Diferencia de elevación de una curva de nivel a la próxima.

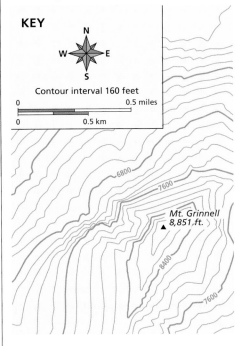

KEY

N
W — E
S

Contour interval 160 feet

0                    0.5 miles
0        0.5 km

6800
7600
Mt. Grinnell
8,851 ft.
8400
7600

### contour line
A line on a topographic map that connects points of equal elevation.

### curva de nivel
Línea de un mapa topográfico que conecta puntos con la misma elevación.

### contour plowing
Plowing fields along the curves of a slope to prevent soil loss.

### arado en contorno
Arar los campos siguiendo las curvas de una pendiente para evitar la pérdida del suelo.

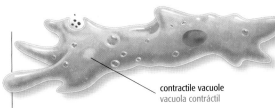

contractile vacuole
vacuola contráctil

### contractile vacuole
The cell structure that collects extra water from the cytoplasm and then expels it from the cell.

### vacuola contráctil
Estructura celular que recoge el agua sobrante del citoplasma y luego la expulsa de la célula.

### control rod
A cadmium rod used in a nuclear reactor to absorb neutrons from fission reactions.

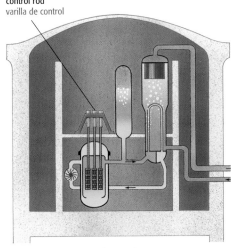

control rod
varilla de control

reactor vessel
cuba de reactor

### varilla de control
Varilla de cadmio que se usa en un reactor nuclear para absorber los neutrones emitidos por reacciones de fisión.

### controlled experiment
An experiment in which only one variable is manipulated at a time.

### experimento controlado
Experimento en el cual sólo se manipula una variable a la vez.

## controversy
A public disagreement between groups with different views.

### controversia
Desacuerdo público entre grupos con diferentes opiniones.

---

## convection
The transfer of thermal energy by the movement of a fluid.

### convección
Transferencia de energía térmica por el movimiento de un líquido.

## convection current
The movement of a fluid, caused by differences in temperature, that transfers heat from one part of the fluid to another.

### corriente de convección
Movimiento de un líquido ocasionado por diferencias de temperatura y que transfiere calor de un área del líquido a otra.

## convection zone
The outermost layer of the sun's interior.

### zona de convección
Capa más superficial del interior del Sol.

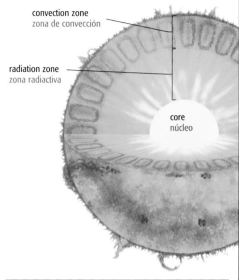

convection zone
zona de convección

radiation zone
zona radiactiva

core
núcleo

## convergent boundary
A plate boundary where two plates move toward each other.

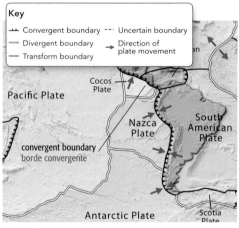

**Key**

⊣⊢ Convergent boundary · · · Uncertain boundary

— Divergent boundary → Direction of plate movement

— Transform boundary

Pacific Plate

Cocos Plate

Nazca Plate

South American Plate

convergent boundary
borde convergente

Antarctic Plate

Scotia Plate

### borde convergente
Borde de una placa donde dos placas se deslizan una hacia la otra.

---

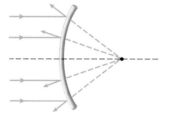

bird wing
ala de ave

insect wing
ala de insecto

## convergent evolution
The process by which unrelated organisms evolve similar characteristics.

### evolución convergente
Proceso por el cual organismos no relacionados exhiben una evolución de características similares.

## convex lens
A lens that is thicker in the center than at the edges.

### lente convexa
Lente que es más gruesa en el centro que en los extremos.

---

## convex mirror
A mirror with a surface that curves outward.

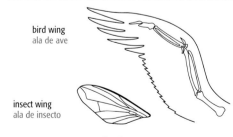

### espejo convexo
Espejo cuya superficie se curva hacia fuera.

---

## core
The central region of the sun, where nuclear fusion takes place.

### núcleo
Región central del Sol, donde ocurre la fusión nuclear.

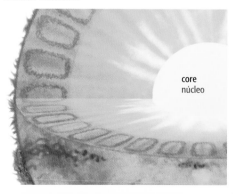

core
núcleo

## Coriolis effect

The effect of Earth's rotation on the direction of winds and currents.

### efecto Coriolis

Efecto de la rotación de la Tierra sobre la dirección de los vientos y las corrientes.

### cornea

The transparent tissue that covers the front of the eye.

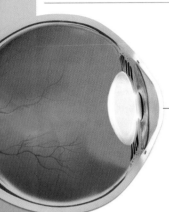

cornea
córnea

### córnea

Tejido transparente que cubre la parte delantera del ojo.

## corona

The outer layer of the sun's atmosphere.

corona
corona

## corona

Capa externa de la atmósfera solar.

### coronary artery

An artery that supplies blood to the heart muscle itself.

### arteria coronaria

Arteria que lleva sangre directamente al músculo cardiaco.

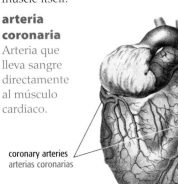

coronary arteries
arterias coronarias

## corrosion

The gradual wearing away of a metal element due to a chemical reaction.

### corrosión

Desgaste progresivo de un elemento metal debido a una reacción química.

## corrosive

The way in which acids react with some metals so as to wear away the metal.

CORROSIVE

8

### corrosivo

Forma en que los ácidos reaccionan con algunos metales y los desgastan.

## cosmic background radiation

The electromagnetic radiation left over from the big bang.

### radiación cósmica de fondo

Radiación electromagnética que quedó del *Big bang*.

## cost

A negative result of either taking or not taking an action.

### costo

Resultado negativo de una acción o de la falta de acción.

## cotyledon

A leaf produced by an embryo of a seed plant; sometimes stores food.

### cotiledón

Hoja producida por el embrión de una planta fanerógama; a veces almacena alimentos.

## courtship behavior

The behavior in which males and females of the same species engage to prepare for mating.

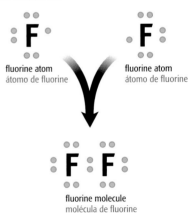

### comportamiento de cortejo

Comportamiento de los machos y las hembras de una especie en preparación del apareamiento.

## covalent bond

A chemical bond formed when two atoms share electrons.

fluorine atom
átomo de fluorine

fluorine atom
átomo de fluorine

fluorine molecule
molécula de fluorine

### enlace covalente

Enlace químico que se forma cuando dos átomos comparten electrones.

## crater

**1.** A large round pit caused by the impact of a meteoroid.
**2.** A bowl-shaped area that forms around a volcano's central opening.

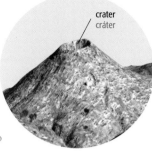

crater
cráter

## cráter

**1.** Gran hoyo redondo que se forma por el impacto de un meteorito. **2.** Área en forma de tazón que se forma en la abertura central de un volcán.

## crest

The highest part of a transverse wave.

crest
cresta

## cresta

Parte más alta de una onda transversal.

## critical night length

The number of hours of darkness that determines whether or not a plant will flower.

midnight
medianoche

noon
mediodía

## duración crítica de la noche

El número de horas de oscuridad que determina si florecerá una planta o no.

## crop

An internal organ in some animals where food is softened and stored.

crop
buche

## buche

Órgano interno de algunos animales en el que se ablandan y almacenan alimentos.

## crop rotation

The planting of different crops in a field each year to maintain the soil's fertility.

## rotación de las cosechas

Cultivo anual de cosechas diferentes en un campo para mantener la fertilidad del suelo.

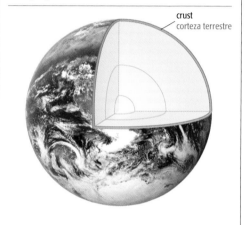

crust
corteza terrestre

## crust

The layer of rock that forms Earth's outer surface.

## corteza terrestre

Capa de rocas que forma la superficie externa de la Tierra.

## crystal

A solid in which the atoms are arranged in a pattern that repeats again and again.

## cristal

Cuerpo sólido en el que los átomos siguen un patrón que se repite una y otra vez.

## crystalline solid

A solid that is made up of crystals in which particles are arranged in a regular, repeating pattern.

## sólido cristalino

Sólido constituido por cristales en los que las partículas están colocadas en un patrón regular repetitivo.

## crystallization

The process by which atoms are arranged to form a material with a crystal structure.

## cristalización

Proceso mediante el cual los átomos se distribuyen y forman materiales con estructura de cristal.

## cultural bias

An outlook influenced by the beliefs, social forms, and traits of a group.

## prejuicio cultural

Opinión influenciada por las creencias, costumbres sociales y características de un grupo.

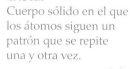

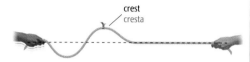

## cumulus
Fluffy, white clouds, usually with flat bottoms, that look like rounded piles of cotton.

## cúmulos
Nubes blancas, normalmente con la parte inferior plana, que parecen grandes masas de algodón esponjosas y redondas.

## current
A large stream of moving water that flows through the oceans.

## corriente
Gran volumen de agua que fluye por los océanos.

## cuticle
The waxy, waterproof layer that covers the leaves and stems of most plants.

## cutícula
Capa cerosa e impermeable que cubre las hojas y los tallos de la mayoría de las plantas.

## cyclone
A swirling center of low air pressure.

## ciclón
Centro de un remolino de aire de baja presión.

## cytokinesis
The final stage of the cell cycle, in which the cell's cytoplasm divides, distributing the organelles into each of the two new daughter cells.

## citocinesis
Última etapa del ciclo celular en la que se divide el citoplasma y se reparten los orgánulos entre las dos células hijas nuevas.

## cytoplasm
The thick fluid region of a cell located inside the cell membrane (in prokaryotes) or between the cell membrane and nucleus (in eukaryotes).

## citoplasma
Región celular de líquido espeso ubicada dentro de la membrana celular (en las procariotas) o entre la membrana celular y el núcleo (en las eucariotas).

cytoplasm
citoplasma

## dark energy
A mysterious force that appears to be causing the expansion of the universe to accelerate.

## energía oscura
Misteriosa fuerza que parece acelerar la expansión del universo.

## dark matter
Matter that does not give off electromagnetic radiation but is quite abundant in the universe.

## materia oscura
Materia que es muy abundante en el universo y no despide radiación electromagnética.

## data
Facts, figures, and other evidence gathered through observations.

## dato
Hechos, cifras u otra evidencia reunida por medio de observaciones.

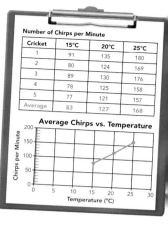

| Number of Chirps per Minute | | | |
|---|---|---|---|
| Cricket | 15°C | 20°C | 25°C |
| 1 | 91 | 135 | 180 |
| 2 | 80 | 124 | 169 |
| 3 | 89 | 130 | 176 |
| 4 | 78 | 125 | 158 |
| 5 | 77 | 121 | 157 |
| Average | 83 | 127 | 168 |

Average Chirps vs. Temperature

## day-neutral plant
A plant with a flowering cycle that is not sensitive to periods of light and dark.

## planta de día neutro
Planta con un ciclo de floración que no es sensible a la luz o la oscuridad.

Midnight

Midnight

Dandelions

Noon

Noon

## death rate
The number of deaths per 1,000 individuals for a certain time period.

## tasa de mortalidad
Número de muertes per 1.000 individuos durante un período de tiempo determinado.

| Country | Birthrate (per 1,000 people) | Death Rate (per 1,000 people) |
|---|---|---|
| Japan | 7.9 | 9.2 |
| United States | 14.0 | 8.2 |
| Italy | 8.4 | 10.6 |
| Argentina | 18.1 | 7.4 |
| Egypt | 22.1 | 5.1 |

## decibel (dB)
A unit used to compare the loudness of different sounds.

## decibelio (dB)
Unidad usada para comparar el volumen de distintos sonidos.

## deciduous tree
A tree that sheds its leaves during a particular season and grows new ones each year.

### árbol caducifolio
Árbol que pierde las hojas durante una estación específica y al que le salen hojas nuevas cada año.

## decomposer
An organism that gets energy by breaking down biotic wastes and dead organisms, and returns raw materials to the soil and water.

### descomponedor
Organismo que obtiene energía al descomponer desechos bióticos y organismos muertos, y que devuelve materia prima al suelo y al agua.

## decomposition
A chemical reaction that breaks down compounds into simpler products.

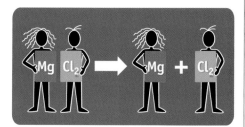

### descomposición
Reacción química que descompone los compuestos en productos más simples.

## deductive reasoning
A way to explain things by starting with a general idea and then applying the idea to a specific observation.

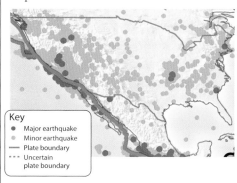

**Key**
- Major earthquake
- Minor earthquake
— Plate boundary
--- Uncertain plate boundary

### razonamiento deductivo
Manera de explicar las cosas en la que se aplica una idea general a una observación específica.

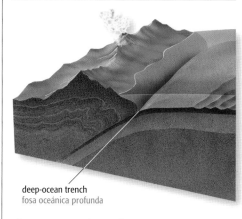

deep-ocean trench
fosa oceánica profunda

## deep-ocean trench
A deep valley along the ocean floor beneath which oceanic crust slowly sinks toward the mantle.

### fosa oceánica profunda
Valle profundo a lo largo del suelo oceánico debajo del cual la corteza oceánica se hunde lentamente hacia el manto.

## deflation
The process by which wind removes surface materials.

### deflación
Proceso por el cual el viento se lleva materiales de la superficie.

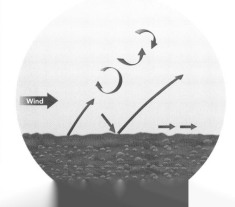

Wind

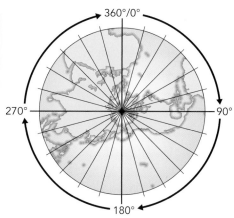

## degree
A unit used to measure distances around a circle. One degree equals $\frac{1}{360}$ of a full circle.

### grado
Unidad usada para medir distancias alrededor de un círculo. Un grado es igual a $\frac{1}{360}$ de un círculo completo.

## delta
A landform made of sediment that is deposited where a river flows into an ocean or lake.

## delta
Accidente geográfico formado por sedimento que se deposita en la desembocadura de un río a un océano o lago.

## dendrite
A threadlike extension of a neuron that carries nerve impulses toward the cell body.

### dendrita
Extensión en forma de hilo de una neurona que lleva los impulsos nerviosos hacia el cuerpo de las células.

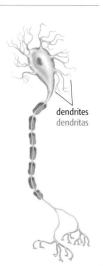

dendrites
dendritas

## density

The measurement of how much mass of a substance is contained in a given volume.

### densidad

Medida de la masa de una sustancia que tiene un volumen dado.

## deposition

Process in which sediment is laid down in new locations.

### sedimentación

Proceso por el cual los sedimentos se asientan en nuevos sitios.

## depressant

A drug that slows down the activity of the central nervous system.

### depresora

Droga que disminuye la velocidad de la actividad del sistema nervioso central.

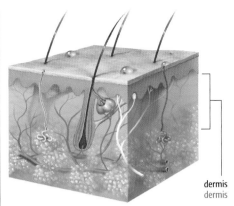

dermis
dermis

## dermis

The inner layer of the skin.

### dermis

Capa más interna de la piel.

## desert

A dry region that on average receives less than 25 centimeters of precipitation per year.

### desierto

Región seca en la que se registra un promedio menor de 25 centímetros de precipitación anual.

## desertification

The advance of desertlike conditions into areas that previously were fertile; caused by overfarming, overgrazing, drought, and climate change.

### desertificación

Paso de condiciones desérticas a áreas que eran fértiles; resulta de la agricultura descontrolada, el uso exagerado de los pastos, las sequías y los cambios climáticos.

## destructive force

Any natural process that tears down or wears away Earth's surface.

### fuerza destructiva

Proceso natural que destruye o desgasta la superficie de la Tierra.

## destructive interference

The interference that occurs when two waves combine to make a wave with an amplitude smaller than the amplitude of either of the individual waves.

### interferencia destructiva

Interferencia que ocurre cuando dos ondas se combinan para crear una onda con una amplitud menor a la de cualquiera de las ondas individuales.

## development

The process of change that occurs during an organism's life to produce a more complex organism.

### desarrollo

Proceso de cambio que ocurre durante la vida de un organismo, mediante el cual se crea un organismo más complejo.

## dew point
The temperature at which condensation begins.

## punto de rocío
Temperatura a la que comienza la condensación.

## diabetes
A condition in which the pancreas fails to produce enough insulin or the body's cells cannot use it properly.

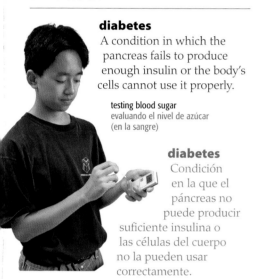

testing blood sugar
evaluando el nivel de azúcar (en la sangre)

## diabetes
Condición en la que el páncreas no puede producir suficiente insulina o las células del cuerpo no la pueden usar correctamente.

## diaphragm
A large, dome-shaped muscle located at the base of the lungs that helps with breathing.

## diafragma
Músculo grande y redondo situado en la base de los pulmones que ayuda a la respiración.

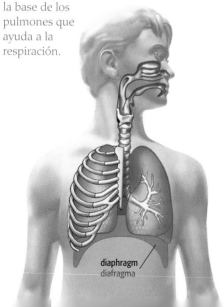

diaphragm
diafragma

## diatomic molecule
A molecule consisting of two atoms.

## molécula diatómica
Molécula que tiene dos átomos.

## dicot
An angiosperm that has two seed leaves.

## dicotiledónea
Angiosperma cuyas semillas tienen dos cotiledones.

## Dietary Reference Intakes (DRIs)
Guidelines that show the amounts of nutrients humans need every day.

## Ingestas Dietéticas de Referencia
Recomendaciones sobre la cantidad de nutrientes que los humanos necesitan diariamente.

## Nutrition Facts

| Serving Size | ½ cup (30g) |
|---|---|
| Servings Per Container | About 10 |

**Amount Per Serving**

| Calories 110 | Calories from Fat 17 |
|---|---|

| | % Daily Value* |
|---|---|
| **Total Fat** 2g | **3%** |
| Saturated Fat 0g | **0%** |
| *Trans* Fat 0.5g | |
| **Cholesterol** 0mg | **0%** |
| **Sodium** 130mg | **12%** |
| **Total Carbohydrate** 43g | **7%** |
| Dietary Fiber 3g | **12%** |
| Sugars 1g | |
| **Protein** 3g | |

| Vitamin A | 25% | • | Vitamin C | 20% |
|---|---|---|---|---|
| Calcium | 4% | • | Iron | 25% |

* Percent Daily Values are based on a 2,000 Calorie diet. Your Daily Values may be higher or lower depending on your Calorie needs:

| | Calories | 2,000 | 2,500 |
|---|---|---|---|
| Total Fat | Less than | 65g | 80g |
| Sat. Fat | Less than | 20g | 25g |
| Cholesterol | Less than | 300mg | 300mg |
| Sodium | Less than | 2,400mg | 2,400mg |
| Total Carbohydrate | | 300g | 375g |
| Fiber | | 25g | 30g |

Calories per gram:
Fat 9 • Carbohydrate 4 • Protein 4

**Ingredients:** RICE, WHOLE GRAIN OATS, WHOLE GRAIN WHEAT, CORNSTARCH, HIGH FRUCTOSE CORN SYRUP, SUGAR, OAT BRAN, SALT, NATURAL AND ARTIFICIAL FLAVOR, VITAMIN A PALMITATE, SUCRALOSE, ZINC OXIDE, REDUCED IRON, FOLIC ACID, BHT (PRESERVATIVE), VITAMIN B12 AND VITAMIN D.

## diffraction
The bending or spreading of waves as they move around a barrier or pass through an opening.

## difracción
Desviación de las ondas al desplazarse alrededor de una barrera o atravesar una abertura.

## diffuse reflection
Reflection that occurs when parallel rays of light hit an uneven surface and all reflect at different angles.

## reflexión difusa
Reflexión que ocurre cuando rayos de luz paralelos tocan una superficie rugosa y se reflejan en diferentes ángulos.

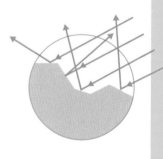

## diffusion
The process by which molecules move from an area of higher concentration to an area of lower concentration.

## difusión
Proceso por el cual las moléculas se mueven de un área de mayor concentración a otra de menor concentración.

## Rate of Protein Digestion

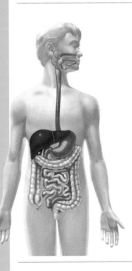

Graph: Percent of Egg White Digested vs Time (hours), y-axis 0–100, x-axis 0–24.

### digestion
The process that breaks down complex molecules of food into smaller nutrient molecules.

### digestión
Proceso que descompone las moléculas complejas de los alimentos en moléculas de nutrientes más pequeñas.

### digestive system
An organ system that has specialized structures for obtaining and digesting food.

### sistema digestivo
Sistema de órganos que tiene estructuras especializadas para ingerir y digerir alimentos.

### digitizing
Converting information to numbers for use by a computer.

### digitalizar
Convertir información en números para que la use una computadora.

### dike
A slab of volcanic rock formed when magma forces itself across rock layers.

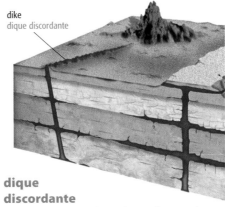
dike
dique discordante

### dique discordante
Placa de roca volcánica formada cuando el magma se abre paso a través de las capas de roca.

### dilute solution
A mixture that has only a little solute dissolved in it.

### solución diluida
Mezcla que sólo tiene un poco de soluto disuelto en ella.

### direct current
Current consisting of charges that flow in only one direction in a circuit.

### corriente directa
Corriente de cargas eléctricas que fluyen en una sola dirección en un circuito.

### directly proportional
A term used to describe the relationship between two variables whose graph is a straight line passing through the point (0, 0).

### directamente proporcional
Término empleado para describir la relación entre dos variables cuya gráfica forma una línea recta que pasa por el punto (0, 0).

## Charles's Law Graph

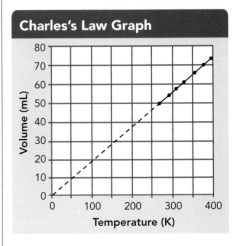

Graph: Volume (mL) vs Temperature (K).

### dispersal
The movement of organisms from one place to another.

### dispersión
Traslado de los organismos de un lugar a otro.

### distance
The length of the path between two points.

### distancia
Medida del espacio entre dos puntos.

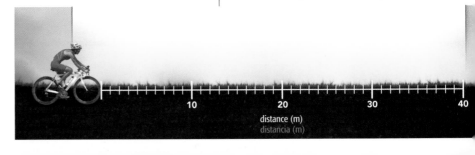
distance (m)
distancia (m)

## divergent boundary
A plate boundary where two plates move away from each other.

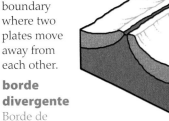

### borde divergente
Borde de una placa donde dos placas se separan.

divide
divisoria

## divide
A ridge of land that separates one watershed from another.

### divisoria
Elevación de terreno que separa una cuenca hidrográfica de otra.

## DNA
Deoxyribonucleic acid; the genetic material that carries information about an organism and is passed from parent to offspring.

### ADN
Ácido desoxirribonucleico; material genético que lleva información sobre un organismo y que se transmite de padres a hijos.

DNA
ADN

DNA replication
replicación del ADN

## DNA replication
Before a cell divides, the process in which DNA copies itself.

### replicación del ADN
Proceso en el que el ADN se duplica, antes de que la célula se divide.

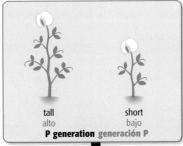

tall
alto

short
bajo

**P generation** generación P

tall
alto

tall
alto

tall
alto

tall
alto

**F₁ generation** generación F₁

## dominant allele
An allele whose trait always shows up in the organism when the allele is present.

### alelo dominante
Alelo cuyo rasgo siempre se manifiesta en el organismo, cuando el alelo está presente.

## Doppler effect
The change in frequency of a wave as its source moves in relation to an observer.

### efecto Doppler
Cambio en la frecuencia de una onda a medida que la fuente se mueve en relación al observador.

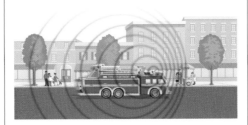

## dormancy
A period of time when an organism's growth or activity stops.

### latencia
Período de tiempo durante el cual se detiene el crecimiento o la actividad de un organismo.

## dormant
Not currently active but able to become active in the future (as with a volcano).

## inactivo
Que no está activo en la actualidad pero puede ser activo en el futuro (como un volcán).

## double bond
A chemical bond formed when atoms share two pairs of electrons.

### enlace doble
Enlace químico formado cuando los átomos comparten dos pares de electrones.

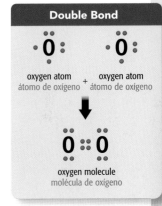

**Double Bond**

oxygen atom
átomo de oxígeno
+
oxygen atom
átomo de oxígeno

oxygen molecule
molécula de oxígeno

## double helix
The shape of a DNA molecule.

### doble hélice
Forma de una molécula de ADN.

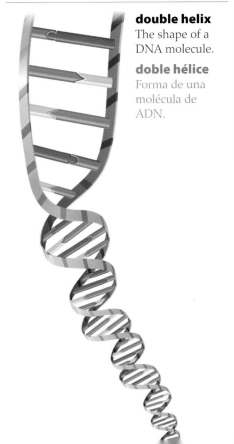

## drought
A long period of low precipitation.

## sequía
Período prolongado de baja precipitación.

## drug
Any chemical taken into the body that causes changes in a person's body or behavior.

## droga
Cualquier sustancia química que se introduce en el cuerpo y que causa cambios en el cuerpo o el comportamiento de una persona.

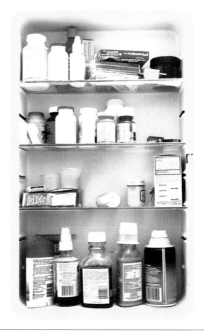

## drug abuse
The deliberate misuse of drugs for purposes other than medical.

## abuso de drogas
Uso indebido deliberado de drogas sin fines medicinales.

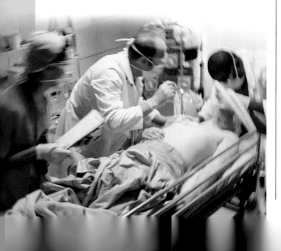

## duct
A tiny tube through which chemicals are released from a gland.

## ducto
Conducto diminuto por el cual se liberan sustancias químicas de una glándula.

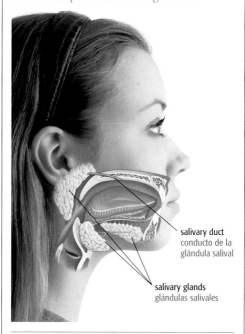

salivary duct
conducto de la glándula salival

salivary glands
glándulas salivales

## ductile
A term used to describe a material that can be pulled out into a long wire.

## dúctil
Término usado para describir un material que se puede estirar hasta crear un alambre largo.

## dwarf planet
An object that orbits the sun and is spherical, but has not cleared the area of its orbit.

## planeta enano
Un cuerpo esférico que orbita alrededor del Sol, pero que no ha despejado las proximidades de su órbita.

## ear canal
A narrow region leading from the outside of the human ear to the eardrum.

## canal auditivo
Región estrecha que conecta el exterior del oído humano con el tímpano.

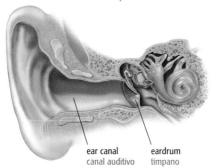

ear canal
canal auditivo

eardrum
tímpano

## eardrum
The small, tightly stretched drumlike membrane that separates the outer ear from the middle, and that vibrates when sound waves strike it.

## tímpano
Membrana pequeña, extendida y tensa como la de un tambor que separa el oído externo del oído medio y que vibra cuando la golpean las ondas sonoras.

## Earth and space science
The study of Earth and its place in the universe.

## ciencias de la Tierra y el espacio
Estudio de la Tierra y su lugar en el universo.

## earthquake
The shaking that results from the movement of rock beneath Earth's surface.

## terremoto
Temblor que resulta del movimiento de la roca debajo de la superficie de la Tierra.

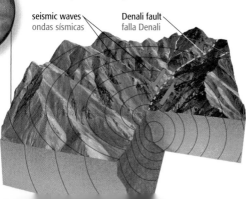

seismic waves
ondas sísmicas

Denali fault
falla Denali

## echinoderm

A radially symmetrical marine invertebrate that has an internal skeleton and a system of fluid-filled tubes.

### equinodermo

Invertebrado marino de simetría radiada que tiene un esqueleto interno y un sistema de apéndices en forma de tubos llenos de líquido.

## echolocation

The use of reflected sound waves to determine distances or to locate objects.

### ecolocación

Uso de ondas sonoras reflejadas para determinar distancias o para localizar objetos.

## eclipse

The partial or total blocking of one object in space by another.

### eclipse

Bloqueo parcial o total de un cuerpo en el espacio por otro.

## eclipsing binary

A binary star system in which one star periodically blocks the light from the other.

### eclipse binario

Sistema estelar binario en el que una estrella bloquea periódicamente la luz de la otra.

## ecological footprint

The amount of land and water that individuals use to meet their resource needs and to absorb the wastes that they produce.

### espacio ecológico

Cantidad de tierra y agua que los individuos usan para cubrir sus necesidades y absorber sus desechos.

## ecology

The study of how organisms interact with each other and their environment.

### ecología

Estudio de la forma en que los organismos interactúan entre sí y con su medio ambiente.

## ecosystem

The community of organisms that live in a particular area, along with their nonliving environment.

### ecosistema

Comunidad de organismos que viven en un área específica, y el medio ambiente que los rodea.

## ectotherm

An animal whose body temperature is determined by the temperature of its environment.

### ectotermo

Animal cuya temperatura corporal es determinada por la temperatura de su medio ambie nte.

## efficiency

The percentage of input work that is converted to output work.

### eficacia

Porcentaje de trabajo aportado que se convierte en trabajo producido.

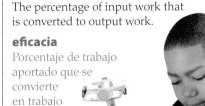

## egg

A female sex cell.

### óvulo

Célula sexual femenina.

## El Niño

An abnormal climate event that occurs every two to seven years in the Pacific Ocean, causing changes in winds, currents, and weather patterns for one to two years.

### El Niño

Suceso climático anormal que se presenta cada dos a siete años en el océano Pacífico y que causa cambios de vientos, corrientes y patrones meteorológicos que duran uno o dos años.

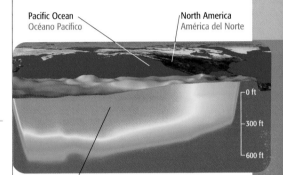

Pacific Ocean
Océano Pacífico

North America
América del Norte

0 ft
300 ft
600 ft

red = warmer water
rojo = agua más caliente

## elastic potential energy

The energy of stretched or compressed objects.

### energía elástica potencial

Energía de los cuerpos estirados o comprimidos.

## electric circuit
A complete, unbroken path through which electric charges can flow.

## circuito eléctrico
Trayecto completo y continuo a través del cual pueden fluir las cargas eléctricas.

## electric current
The continuous flow of electric charges through a material.

## corriente eléctrica
Flujo continuo de cargas eléctricas a través de un material.

## electric field
The region around a charged object where the object's electric force is exerted on other charged objects.

## campo eléctrico
Región alrededor de un objeto cargado, donde su fuerza eléctrica interactúa con otros objetos cargados eléctricamente.

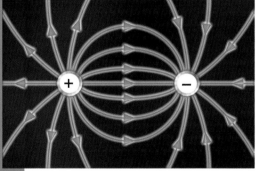

## electric force
The force between charged objects.

## fuerza eléctrica
Fuerza entre cuerpos cargados eléctricamente.

## electric motor
A device that transforms electrical energy to mechanical energy.

## motor eléctrico
Instrumento que convierte la energía eléctrica en energía mecánica.

## electrical conductivity
The ability of an object to carry electric current.

## conductividad eléctrica
Capacidad de un objeto para cargar corriente eléctrica.

## electrical energy
The energy of electric charges.

## energía eléctrica
Energía de las cargas eléctricas.

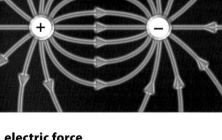

## electrical engineering
The branch of engineering that involves the design of electrical systems, including power, control systems, and telecommunications.

## ingeniería eléctrica
Rama de la ingeniería que se dedica al diseño de los sistemas eléctricos, como los sistemas de electricidad, control y telecomunicación.

## electromagnet
A magnet created by wrapping a coil of wire with a current running through it around a core of material that is easily magnetized.

## electroimán
Imán creado al enrollar una espiral de alambre, por la cual fluye una corriente eléctrica, alrededor de un núcleo de material que se magnetiza fácilmente.

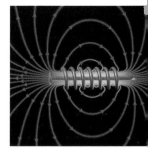

## electromagnetic energy
The energy of light and other forms of radiation, which travels through space as waves.

## energía electromagnética
Energía de la luz y otras formas de radiación, que viaja a través del espacio en forma de ondas.

## electromagnetic induction
The process of generating an electric current from the motion of a conductor through a magnetic field.

conductor
conductor

## inducción electromagnética
Proceso por el cual se genera una corriente eléctrica a partir del movimiento de un conductor a través de un campo magnético.

## electromagnetic radiation
The energy transferred through space by electromagnetic waves.

## radiación electromagnética
Energía transferida a través del espacio por ondas electromagnéticas.

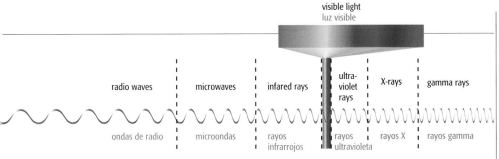

| visible light / luz visible |
| radio waves | microwaves | infared rays | ultra-violet rays | X-rays | gamma rays |
| ondas de radio | microondas | rayos infrarrojos | rayos ultravioleta | rayos X | rayos gamma |

## electromagnetic spectrum
The complete range of electromagnetic waves placed in order of increasing frequency.

### espectro electromagnético
Gama completa de ondas electromagnéticas organizadas de menor a mayor frecuencia.

## electromagnetic wave
1. A wave made up of a combination of a changing electric field and a changing magnetic field. 2. A wave that can transfer electric and magnetic energy through the vacuum of space.

### onda electromagnética
1. Onda formada por la combinación de un campo eléctrico cambiante y un campo magnético cambiante. 2. Onda que puede transportar energía eléctrica y magnética a través del vacío del espacio.

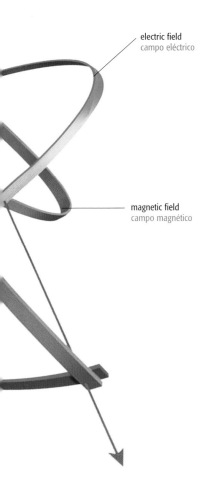

electric field
campo eléctrico

magnetic field
campo magnético

## electromagnetism
The relationship between electricity and magnetism.

### electromagnetismo
Relación entre la electricidad y el magnetismo.

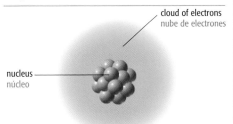

cloud of electrons
nube de electrones

nucleus
núcleo

## electron
A tiny, negatively charged particle that moves around the outside of the nucleus of an atom.

### electrón
Partícula pequeña de carga negativa que se mueve alrededor del núcleo de un átomo.

## electron dot diagram
A representation of the valence electrons in an atom, using dots.

### esquema de puntos por electrones
Representación del número de electrones de valencia de un átomo, usando puntos.

**Li** ·
lithium
litio

**Be** ·
beryllium
beryllium

· **B** ·
boron
boro

## element
A pure substance that cannot be broken down into other substances by chemical or physical means.

### elemento
Sustancia que no se puede descomponer en otras sustancias por medios químicos o físicos.

## elevation
Height above sea level.

### elevación
Altura sobre el nivel del mar.

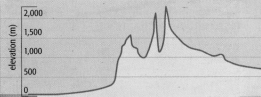

| elevation (m) |
| 2,000 |
| 1,500 |
| 1,000 |
| 500 |
| 0 |

## ellipse
An oval shape, which may be elongated or nearly circular; the shape of the planets' orbits.

### elipse
Forma ovalada que puede ser alargada o casi circular; la forma de la órbita de los planetas.

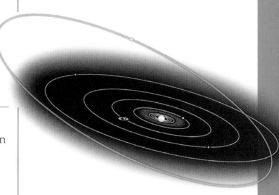

**elliptical galaxy**
A galaxy shaped like a round or flattened ball, generally containing only old stars.

**galaxia elíptica**
Galaxia de forma redonda o semejante a una pelota desinflada, que generalmente sólo contiene estrellas viejas.

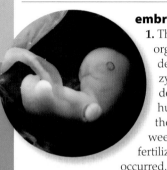

**embryo**
1. The young organism that develops from a zygote. 2. A developing human during the first eight weeks after fertilization has occurred.

**embrión**
1. Organismo joven que se desarrolla a partir del cigoto. 2. Un ser humano en desarrollo durante las primeras ocho semanas después de llevarse a cabo la fertilización.

**emergent layer**
The tallest layer of the rain forest that receives the most sunlight.

**capa emergente**
Capa superior de la selva tropical, que recibe la mayor cantidad de luz solar.

**emigration**
Movement of individuals out of a population's area.

**emigración**
Traslado de individuos fuera del área de una población.

**emissions**
Pollutants that are released into the air.

**gases contaminantes**
Contaminantes liberados al aire.

**emphysema**
A serious disease that destroys lung tissue and causes breathing difficulties.

**enfisema**
Enfermedad grave que destruye el tejido pulmonar y causa dificultades respiratorias.

**endangered species**
A species in danger of becoming extinct in the near future.

**especie en peligro de extinción**
Especie que corre el riesgo de desaparecer en el futuro próximo.

**endocytosis**
The process by which the cell membrane takes particles into the cell by changing shape and engulfing the particles.

**endocitosis**
Proceso en el que la membrana celular absorbe partículas al cambiar de forma y envolver las partículas.

**endoplasmic reticulum**
An organelle that forms a maze of passageways in which proteins and other materials are carried from one part of the cell to another.

**retículo endoplasmático**
Orgánulo que forma un laberinto de conductos que llevan proteínas y otros materiales de una parte de la célula a otra.

endoplasmic reticulum
retículo endoplasmático

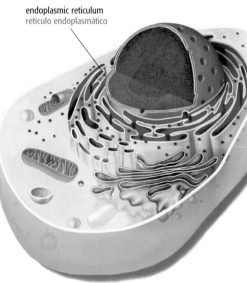

**endoskeleton**
An internal skeleton; structural support system within the body of an animal.

**endoesqueleto**
Esqueleto interno; sistema estructural de soporte dentro del cuerpo de un animal.

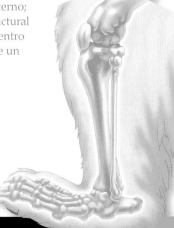

### endospore
A structure produced by prokaryotes, such as bacteria, in unfavorable conditions; a thick wall encloses the DNA and some of the cytoplasm.

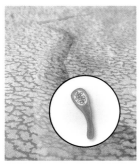

### endospora
Estructura que las procariotas, como las bacterias, producen en condiciones desfavorables; capa gruesa que encierra al ADN y parte del citoplasma.

### endotherm
An animal whose body temperature is regulated by the internal heat the animal produces.

### endotermo
Animal cuya temperatura corporal es regulada por el calor interno que produce.

### endothermic change
A change in which energy is absorbed.

### cambio endotérmico
Cambio en el que se absorbe energía.

### endothermic reaction
A reaction that absorbs energy.

### reacción endotérmica
Reacción que absorbe energía.

### energy
The ability to do work or cause change.

### energía
Capacidad para realizar un trabajo o producir cambios.

### energy conservation
The practice of reducing energy use.

### conservación de energía
Práctica de reducción del uso de energía.

### energy level
A region of an atom in which electrons of the same energy are likely to be found.

### nivel de energía
Región de un átomo en la que es probable que se encuentren electrones con la misma energía.

cloud of electrons
nube de electrones

### energy pyramid
A diagram that shows the amount of energy that moves from one feeding level to another in a food web.

### pirámide de energía
Diagrama que muestra la cantidad de energía que fluye de un nivel de alimentación a otro en una red alimentaria.

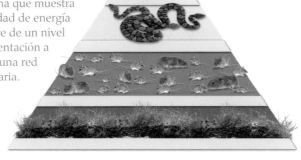

### energy transformation
A change from one form of energy to another; also called an energy conversion.

### transformación de la energía
Cambio de una forma de energía a otra; también se le llama conversión de energía.

### engineer
A person who uses both technological and scientific knowledge to solve practical problems.

### ingeniero
Persona capacitada para usar conocimientos tecnológicos y científicos para resolver problemas prácticos.

### engineering
The application of science to satisfy needs or solve problems.

### ingeniería
Aplicar las ciencias para satisfacer necesidades o resolver problemas.

### environmental science
The study of the natural processes that occur in the environment and how humans can affect them.

### ciencias del medio ambiente
Estudio de los procesos naturales que ocurren en el medio ambiente y de cómo los seres humanos pueden afectarlos.

### enzyme
**1.** A type of protein that speeds up a chemical reaction in a living thing. **2.** A biological catalyst that lowers the activation energy of reactions in cells.

### enzima
**1.** Tipo de proteína que acelera una reacción química de un ser vivo. **2.** Catalizador biológico que disminuye la energía de activación de las reacciones celulares.

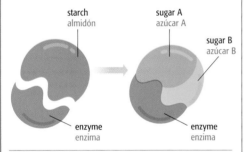

starch / almidón — sugar A / azúcar A — sugar B / azúcar B — enzyme / enzima — enzyme / enzima

### epicenter
The point on Earth's surface directly above an earthquake's focus.

### epicentro
Punto de la superficie de la Tierra directamente sobre el foco de un terremoto.

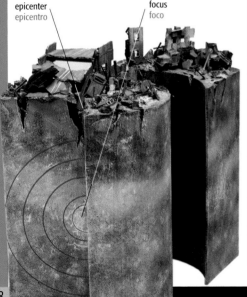

epicenter / epicentro — focus / foco

### epidermis
The outer layer of the skin.

### epidermis
Capa externa de la piel.

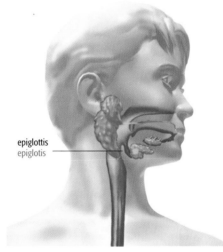

epiglottis / epiglotis

### epiglottis
A flap of tissue that seals off the windpipe and prevents food from entering the lungs.

### epiglotis
Lámina de tejido que sella la tráquea y evita que los alimentos entren en los pulmones.

### epithelial tissue
A body tissue that covers the interior and exterior surfaces of the body.

### tejido epitelial
Tejido del cuerpo que cubre las superficies interiores y exteriores.

### equator
An imaginary line that circles Earth halfway between the North and South poles.

### ecuador
Línea imaginaria que rodea la Tierra por el centro, equidistante de los polos norte y sur.

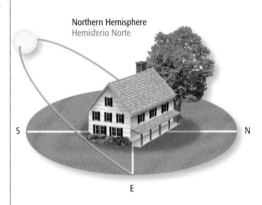

### equinox
Either of the two days of the year on which neither hemisphere is tilted toward or away from the sun.

### equinoccio
Cualquiera de los de dos días del año en el que ningún hemisferio se retrae o inclina hacia el Sol.

Northern Hemisphere / Hemisferio Norte

Southern Hemisphere / Hemisferio del Sur

present day
la actualidad

Cenozoic era
era cenozoica

### era
One of the three long units of geologic time between the Precambrian and the present.

Mesozoic era
era mesozoica

### era
Cada una de las tres unidades largas del tiempo geológico entre el precámbrico y el presente.

Paleozoic era
era paleozoica

Precambrian time
período precámbrico

### erosion
The process by which water, ice, wind, or gravity moves weathered particles of rock and soil.

### erosión
Proceso por el cual el agua, el hielo, el viento o la gravedad desplazan partículas desgastadas de roca y suelo.

### escape velocity
The velocity an object must reach to fly beyond a planet's or moon's gravitational pull.

### velocidad de escape
Velocidad que debe alcanzar un cohete para salir del empuje gravitacional de un planeta o luna.

### esophagus
A muscular tube that connects the mouth to the stomach.

### esófago
Tubo muscular que conecta la boca con el estómago.

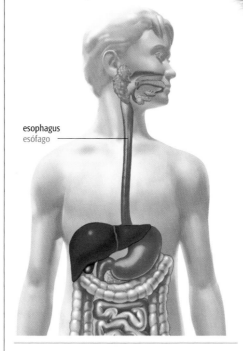

esophagus
esófago

### estimate
An approximation of a number based on reasonable assumptions.

### estimación
Aproximación de un número basada en conjeturas razonables.

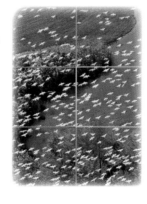

### estrogen
A hormone produced by the ovaries that controls the development of eggs and adult female characteristics.

### estrógeno
Hormona producida por los ovarios que controla el desarrollo de los óvulos y de las características femeninas adultas.

egg
óvulo

### estuary
A kind of wetland formed where fresh water from rivers mixes with salty ocean water.

### estuario
Tipo de pantanal que se forma donde el agua dulce de los ríos se junta con el agua salada del océano.

### ethics
The study of principles about what is right and wrong, fair and unfair.

### ética
Estudio de los principios de qué es lo bueno y lo malo, lo justo y lo injusto.

### eukaryote
An organism whose cells contain a nucleus.

### eucariota
Organismo cuyas células contienen un núcleo.

## eutrophication

The buildup over time of nutrients in freshwater lakes and ponds that leads to an increase in the growth of algae.

## eutroficación

Acumulación gradual de nutrientes en lagos y estanques de agua dulce que produce un aumento en el crecimiento de algas.

## evacuate

Moving away temporarily from an area about to be affected by severe weather.

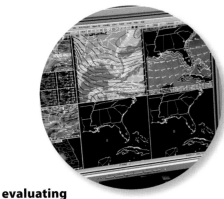

## evacuar

Desalojar temporalmente un área que será afectada por mal tiempo.

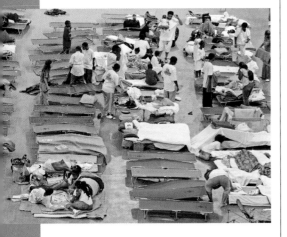

## evaluating

Comparing observations and data to reach a conclusion about them.

## evaluar

Comparar observaciones y datos para llegar a una conclusión.

## evaporation

The process by which molecules at the surface of a liquid absorb enough energy to change to a gas.

## evaporación

Proceso mediante el cual las moléculas en la superficie de un líquido absorben suficiente energía para pasar al estado gaseoso.

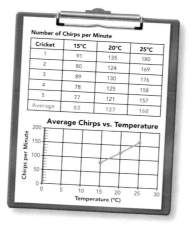

| Number of Chirps per Minute | | | |
| --- | --- | --- | --- |
| Cricket | 15°C | 20°C | 25°C |
| 1 | 91 | 135 | 180 |
| 2 | 80 | 124 | 169 |
| 3 | 89 | 130 | 176 |
| 4 | 78 | 125 | 158 |
| 5 | 77 | 121 | 157 |
| Average | 83 | 127 | 168 |

Average Chirps vs. Temperature

## evidence

Observations and conclusions that have been repeated.

## evidencia

Observaciones y conclusiones que se han repetido.

## evolution

Change over time; the process by which modern organisms have descended from ancient organisms.

## evolución

Cambios a través del tiempo; proceso por el cual los organismos modernos se originaron a partir de organismos antiguos.

## excretion

The process by which wastes are removed from the body.

## excreción

Proceso por el cual se eliminan los desechos del cuerpo.

## excretory system

An organ system that rids a body of nitrogen-containing wastes and excess salt and water.

## sistema excretor

Sistema de órganos que elimina desechos que contienen nitrógeno, y excesos de sal y agua del cuerpo.

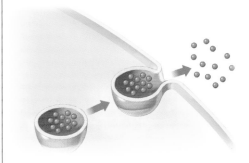

## exocytosis

The process by which the vacuole surrounding particles fuses with the cell membrane, forcing the contents out of the cell.

## exocitosis

Proceso en el que la vacuola que envuelve partículas se funde con la membrana celular, expulsando así el contenido al exterior de la célula.

## exoskeleton

External skeleton; a tough, waterproof outer covering that protects, supports, and helps prevent evaporation of water from the body of many invertebrates.

## exoesqueleto

Esqueleto exterior; una cobertura fuerte e impermeable que protege, soporta y ayuda a prevenir la evaporación del agua del cuerpo de muchos invertebrados.

**exosphere**
The outer layer of the thermosphere.

exosphere
exósfera

**exósfera**
Capa externa de la termósfera.

**exothermic change**
A change in which energy is released.

**cambio exotérmico**
Cambio en el que se libera energía.

**exothermic reaction**
A reaction that releases energy, usually in the form of heat.

**reacción exotérmica**
Reacción que libera energía generalmente en forma de calor.

**exotic species**
Species that are carried to a new location by people.

**especies exóticas**
Especies que las personas trasladan a un nuevo lugar.

**experimental bias**
A mistake in the design of an experiment that makes a particular result more likely.

**prejuicio experimental**
Error en el diseño de un experimento que aumenta la probabilidad de un resultado.

**exponential growth**
Growth pattern in which individuals in a population reproduce at a constant rate, so that the larger a population gets, the faster it grows.

**crecimiento exponencial**
Patrón de crecimiento en el cual los individuos de una población se reproducen a una tasa constante, de modo que mientras más aumenta la población, más rápido crece ésta.

**external fertilization**
When eggs are fertilized outside of a female's body.

**fertilización externa**
Cuando los óvulos se fertilizan fuera del cuerpo de la hembra.

**extinct**
**1.** Term used to refer to a group of related organisms that has died out and has no living members. **2.** Term used to describe a volcano that is no longer active and is unlikely to erupt again.

**extinto**
**1.** Término que se refiere a un grupo de organismos que ha muerto y del cual no queda ningún miembro vivo. **2.** Término que describe un volcán que ya no es activo y es poco probable que vuelva a hacer erupción.

**extinction**
The disappearance of all members of a species from Earth.

**extinción**
Desaparición de la Tierra de todos los miembros de una especie.

**extrusion**
An igneous rock layer formed when lava flows onto Earth's surface and hardens.

**extrusión**
Capa de roca ígnea formada cuando la lava fluye hacia la superficie de la Tierra y se endurece.

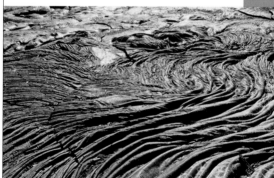

**extrusive rock**
Igneous rock that forms from lava on Earth's surface.

**roca extrusiva**
Roca ígnea que se forma de la lava en la superficie de la Tierra.

### eyepiece
A lens that magnifies the image formed by the objective.

eyepiece
ocular

### ocular
Lente que aumenta la imagen formada por el objetivo.

### Fahrenheit scale
The temperature scale on which water freezes at 32°F and boils at 212°F.

### escala Fahrenheit
Escala de temperatura en la que el punto de congelación del agua es 32 °F y el punto de ebullición es 212 °F.

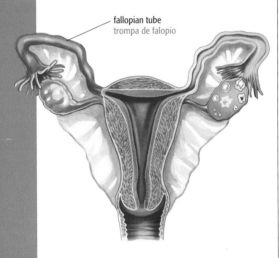

fallopian tube
trompa de falopio

### fallopian tube
A passageway for eggs from an ovary to the uterus.

### trompa de falopio
Pasaje por el que pasan los óvulos de un ovario al útero.

### farsighted
Having the condition in which a person can see distant objects clearly and nearby objects as blurry.

### hipermetropía
Condición en la que una persona ve con claridad los objetos lejanos y ve borrosos los objetos cercanos.

### farsightedness
The condition in which a person can see distant objects clearly and nearby objects as blurry.

### hipermetropía
Condición en la que una persona ve con claridad los objetos lejanos y ve borrosos los objetos cercanos.

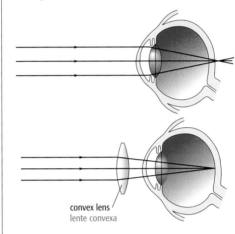

convex lens
lente convexa

### fat
Energy-containing nutrients that are composed of carbon, oxygen, and hydrogen.

### grasas
Nutrientes que contienen energía y están compuestos de carbono, oxígeno e hidrógeno.

### fault
A break in Earth's crust along which rocks move.

### falla
Fisura en la corteza terrestre a lo largo de la cual se desplazan las rocas.

### feedback
Output that changes a system or allows the system to adjust itself.

### retroalimentación
Salida que cambia un sistema o permite que éste se ajuste.

### fermentation
The process by which cells release energy by breaking down food molecules without using oxygen.

### fermentación
Proceso en el que las células liberan energía al descomponer las moléculas de alimento sin usar oxígeno.

## fertility
A measure of how well soil supports plant growth.

### fertilidad
Medida de cuán apropiado es un suelo para estimular el crecimiento de las plantas.

## fertilization
The process in sexual reproduction in which an egg cell and a sperm cell join to form a new cell.

### fertilización
Proceso de la reproducción sexual en el que un óvulo y un espermatozoide se unen para formar una nueva célula.

## fertilizer
A substance that provides nutrients to help crops grow better.

### fertilizante
Sustancia que proporciona nutrientes para ayudar a que crezcan mejor los cultivos.

## fetus
A developing human from the ninth week of development until birth.

### feto
Humano en desarrollo desde la novena semana de desarrollo hasta el nacimiento.

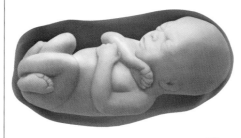

## field
Any area outside of the laboratory.

### campo
Cualquier área fuera del laboratorio.

## filter feeder
An animal that strains its food from water.

### comedores por suspensión
Animal que filtra sus alimentos del agua.

## fish
A vertebrate whose body temperature is determined by the temperature of its environment, and that lives in the water and has fins.

### pez
Vertebrado cuya temperatura corporal es determinada por la temperatura de su medio ambiente, que vive en el agua y que tiene aletas.

## fishery
An area with a large population of valuable ocean organisms.

### pesquería
Área con una gran población de organismos marinos aprovechables.

## flagellum
A long, whiplike structure that helps a cell to move.

### flagelo
Estructura larga con forma de látigo, que ayuda a la célula a moverse.

## flood
An overflowing of water in a normally dry area.

### inundación
Ocupación de agua en un área que habitualmente permanece seca.

## flood plain
The flat, wide area of land along a river.

### llanura de aluvión
Área de tierra extensa y plana a lo largo de un río.

### flower
The reproductive structure of an angiosperm.

### flor
Estructura reproductora de una angiosperma.

## fluid
Any substance that can flow.

### fluido
Cualquier sustancia que puede fluir.

## fluid friction
Friction that occurs as an object moves through a fluid.

### fricción de fluido
Fricción que ocurre cuando un cuerpo se mueve a través de un fluido.

## focal point
The point at which light rays parallel to the optical axis meet, or appear to meet, after being reflected (or refracted) by a mirror (or a lens).

### punto de enfoque
Punto en el que se encuentran, o parecen encontrarse, los rayos de luz paralelos al eje óptico después de reflejarse (o refractarse) en un espejo (o lente).

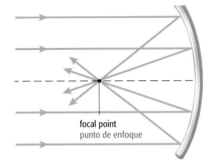

focal point
punto de enfoque

## focus
The point beneath Earth's surface where rock first breaks under stress and causes an earthquake.

### foco
Punto debajo de la superficie de la Tierra en el que la roca empieza a romperse debido a una gran fuerza y causa un terremoto.

focus
foco

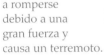

## foliated
Term used to describe metamorphic rocks that have grains arranged in parallel layers or bands.

### foliación
Término que describe las rocas metamórficas con granos dispuestos en capas paralelas o bandas.

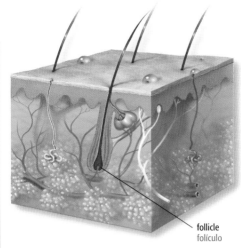

follicle
folículo

## follicle
Structure in the dermis of the skin from which a strand of hair grows.

### folículo
Estructura en la dermis de la piel de donde crece un pelo.

## food chain
A series of events in an ecosystem in which organisms transfer energy by eating and by being eaten.

### cadena alimentaria
Serie de sucesos en un ecosistema por medio de los cuales los organismos transmiten energía al comer o al ser comidos por otros.

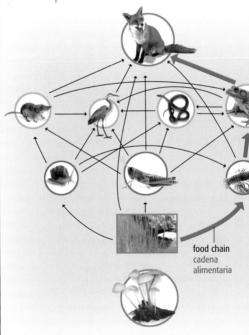

food chain
cadena alimentaria

## food web
The pattern of overlapping feeding relationships or food chains among the various organisms in an ecosystem.

### red alimentaria
Patrón de las relaciones de alimentación intercruzadas o de cadenas alimentarias entre los diferentes organismos de un ecosistema.

## force
A push or pull exerted on an object.

### fuerza
Empuje o atracción que se ejerce sobre un cuerpo.

## fossil
The preserved remains or traces of an organism that lived in the past.

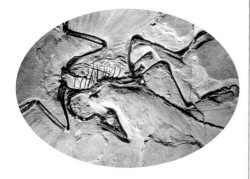

### fósil
Restos o vestigios conservados de un organismo que vivió en el pasado.

## fossil fuel
Coal, oil, or natural gas that forms over millions of years from the remains of ancient organisms; burned to release energy.

### combustible fósil
Carbón, petróleo o gas natural que se forma a lo largo de millones de años a partir de los restos de organismos antiguos; se queman para liberar energía.

## fracture
**1.** The way a mineral looks when it breaks apart in an irregular way.  **2.** A break in a bone.

### fractura
**1.** Apariencia de un mineral cuando se rompe de manera irregular.  **2.** Fisura de un hueso.

## free fall
The motion of a falling object when the only force acting on it is gravity.

### caída libre
Movimiento de un objeto que cae cuando la única fuerza que actúa sobre éste es la gravedad.

## freezing
The change in state from a liquid to a solid.

### congelación
Cambio del estado líquido al sólido.

## frequency
The number of complete waves that pass a given point in a certain amount of time.

### frecuencia
Número de ondas completas que pasan por un punto dado en cierto tiempo.

10 seconds
10 segundos

## frequency modulation
A method of transmitting signals by changing the frequency of a wave.

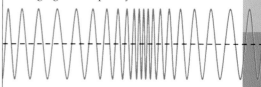

### frecuencia modulada
Método de transmisión de señales mediante el cambio de la frecuencia de una onda.

## friction
**1.** The force that two surfaces exert on each other when they rub against each other.  **2.** The transfer of electrons from one uncharged object to another uncharged object by rubbing.

### fricción
**1.** Fuerza que dos superficies ejercen una sobre la otra al frotarse.  **2.** Transferencia de electrones al frotarse un cuerpo no cargado con otro cuerpo no cargado.

## frond
The leaf of a fern plant.

### fronda
Hoja de un helecho.

## front
The boundary where unlike air masses meet but do not mix.

### frente
Límite donde se encuentran, pero no se mezclan, masas de aire diferentes.

## frost wedging
Process that splits rock when water seeps into cracks, then freezes and expands.

### acuñado rocoso
Proceso que separa las rocas cuando el agua se filtra entre grietas y luego se congela y expande.

## fruit
The ripened ovary and other structures of an angiosperm that enclose one or more seeds. (

### fruto
Ovario maduro y otras estructuras de una angiosperma que encierran una o más semillas.

## fruiting body
The reproductive structure of a fungus that contains many hyphae and produces spores.

### órgano fructífero
Estructura reproductora de un hongo, que contiene muchas hifas y produce esporas.

fruiting body
órgano fructífero

## fuel
A substance that provides energy as the result of a chemical change.

### combustible
Sustancia que libera energía como resultado de un cambio químico.

## fuel rod
A uranium rod that undergoes fission in a nuclear reactor.

### varilla de combustible
Varilla de uranio que se somete a la fisión en un reactor nuclear.

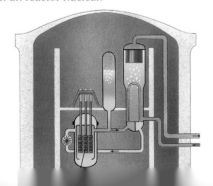

## fulcrum
The fixed point around which a lever pivots.

### fulcro
Punto fijo en torno al cual gira una palanca.

## fundamental tone
The lowest natural frequency of an object.

### tono fundamental
Frecuencia natural más baja de un cuerpo.

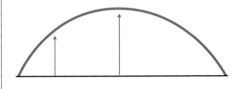

## fungus
A eukaryotic organism that has cell walls, uses spores to reproduce, and is a heterotroph that feeds by absorbing its food.

### hongo
Organismo eucariótico que posee paredes celulares, usa esporas para reproducirse y es un heterótrofo que se alimenta absorbiendo sus alimentos.

## fuse
A safety device with a thin metal strip that will melt if too much current passes through a circuit.

### fusible
Elemento de seguridad que tiene una tira metálica delgada que se derrite si una corriente demasiado fuerte pasa por un circuito.

fuse
fusible

## galaxy

A huge group of single stars, star systems, star clusters, dust, and gas bound together by gravity.

### galaxia

Enorme grupo de estrellas individuales, sistemas estelares, cúmulos de estrellas, polvo y gases unidos por la gravedad.

## gallbladder

The organ that stores bile after it is produced by the liver.

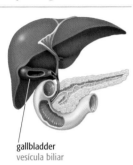

### vesícula biliar

Órgano que almacena la bilis producida por el hígado.

gallbladder
vesícula biliar

## galvanometer

A device that uses an electromagnet to detect small amounts of current.

### galvanómetro

Instrumento que usa un electroimán para detectar la intensidad de una pequeña corriente.

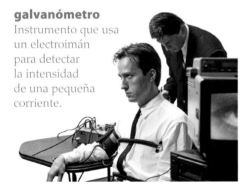

## gametophyte

The stage in the life cycle of a plant in which the plant produces gametes, or sex cells.

### gametofito

Etapa del ciclo vital de una planta en la que produce gametos, es decir, células sexuales.

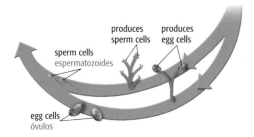

produces
sperm cells
produces
egg cells

sperm cells
espermatozoides

egg cells
óvulos

## gamma rays

Electromagnetic waves with the shortest wavelengths and highest frequencies.

### rayos gamma

Ondas electromagnéticas con la menor longitud de onda y la mayor frecuencia.

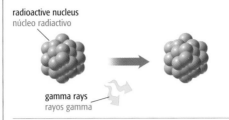

radioactive nucleus
núcleo radiactivo

gamma rays
rayos gamma

## gas

A state of matter with no definite shape or volume.

### gas

Estado de la materia sin forma ni volumen definidos.

## gas giant

The name often given to the outer planets: Jupiter, Saturn, Uranus, and Neptune.

Jupiter
Júpiter

Saturn
Saturno

Uranus
Urano

Neptune
Neptuno

### gigantes gaseosos

Nombre que normalmente se da a los cuatro planetas exteriores: Júpiter, Saturno, Urano y Neptuno.

## gasohol

A mixture of gasoline and alcohol.

### gasohol

Mezcla de gasolina y alcohol.

## gene

A sequence of DNA that determines a trait and is passed from parent to offspring.

### gen

Secuencia de ADN que determina un rasgo y que se pasa de los progenitores a los hijos.

## gene therapy

The process of changing a gene to treat a medical disease or disorder. An absent or faulty gene is replaced by a normal working gene.

### terapia genética

Proceso que consiste en cambiar un gen para tratar una enfermedad o un trastorno médico. El gen ausente o defectuoso se cambia por un gen con función normal.

## generator
A device that transforms mechanical energy into electrical energy.

### generador eléctrico
Instrumento que convierte la energía mecánica en energía eléctrica.

## genetic disorder
An abnormal condition that a person inherits through genes or chromosomes.

### desorden genético
Condición anormal que hereda una persona a través de los genes o cromosomas.

## genetic engineering
The transfer of a gene from the DNA of one organism into another organism, in order to produce an organism with desired traits.

### ingeniería genética
Transferencia de un gen desde el ADN de un organismo a otro, para producir un organismo con los rasgos deseados.

## genetics
The scientific study of heredity.

### genética
Ciencia que estudia la herencia.

## genome
A complete set of genetic information that an organism carries in its DNA.

### genoma
Toda la información genética que un organismo lleva en su ADN.

## genotype
An organism's genetic makeup, or allele combinations.

|  | R | r |
|---|---|---|
| R | RR | Rr |
| r | Rr | rr |

### genotipo
Composición genética de un organismo, es decir, las combinaciones de los alelos.

## genus
A classification grouping that consists of a number of similar, closely related species.

class *Aves*
clase *Aves*

order *Strigiformes*
orden *Strigiformes*

family *Strigidae*
familia *Strigidae*

genus *Bubo*
género *Bubo*

### género
Clase de agrupación que consiste de un número de especies similares y estrechamente relacionadas.

## geocentric
Term describing a model of the universe in which Earth is at the center of the revolving planets and stars.

### geocéntrico
Término que describe un modelo del universo en el cual la Tierra se encuentra al centro de los planetas y estrellas que circulan a su alrededor.

## geode
A hollow rock inside which mineral crystals have grown.

### geoda
Roca hueca dentro de la que se forman cristales minerales.

## Geographic Information System
A system of computer hardware and software used to produce interactive maps.

### Sistema de Información Geográfica
Sistema de equipos y programas computarizados que se usa para producir mapas interactivos.

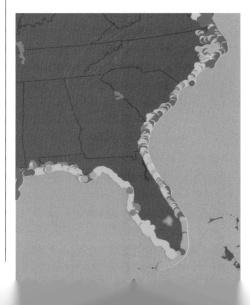

## geologic time scale

A record of the geologic events and life forms in Earth's history.

### escala de tiempo geológico

Registro de los sucesos geológicos y de las formas de vida en la historia de la Tierra.

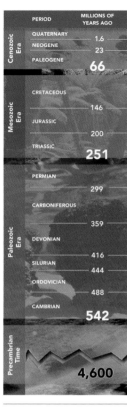

| PERIOD | MILLIONS OF YEARS AGO |
|---|---|
| **Cenozoic Era** — QUATERNARY | 1.6 |
| NEOGENE | 23 |
| PALEOGENE | 66 |
| **Mesozoic Era** — CRETACEOUS | 146 |
| JURASSIC | 200 |
| TRIASSIC | 251 |
| **Paleozoic Era** — PERMIAN | 299 |
| CARBONIFEROUS | 359 |
| DEVONIAN | 416 |
| SILURIAN | 444 |
| ORDOVICIAN | 488 |
| CAMBRIAN | 542 |
| **Precambrian Time** | 4,600 |

## geosphere

The densest parts of Earth that include the crust, mantle, and core.

### geósfera

Partes más densos de la Tierra que incluye la corteza, el manto y el núcleo.

## geostationary orbit

An orbit in which a satellite orbits Earth at the same rate as Earth rotates and thus stays over the same place all the time.

### órbita geoestacionaria

Órbita en la que un satélite orbita alrededor de la Tierra a la misma velocidad que rota la Tierra y que, por lo tanto, permanece en el mismo lugar todo el tiempo.

## geothermal energy

The intense heat energy that comes from Earth's interior.

### energía geotérmica

Energía intensa que proviene del interior de la Tierra.

## germination

The sprouting of the embryo out of a seed; occurs when the embryo resumes its growth following dormancy.

### germinación

Brotamiento del embrión a partir de la semilla; ocurre cuando el embrión reanuda su crecimiento tras el estado latente.

## gestation period

The length of time between fertilization and birth of a mammal.

### período de gestación

Tiempo entre la fertilización y el nacimiento de un mamífero.

## gill

A feathery structure where gases are exchanged between water and blood.

### branquia

Estructura filamentosa donde se realiza el intercambio de gases entre el agua y la sangre.

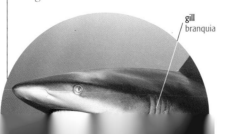

gill
branquia

## gizzard

A muscular, thick-walled organ that squeezes and grinds partially digested food.

gizzard
molleja

## molleja

Órgano muscular y de paredes gruesas que exprime y tritura los alimentos parcialmente digeridos.

## glacier

Any large mass of ice that moves slowly over land.

### glaciar

Cualquier masa grande de hielo que se desplaza lentamente sobre la tierra.

## gland

An organ that produces and releases chemicals either through ducts or into the bloodstream.

### glándula

Órgano que produce y libera sustancias químicas por los ductos o al torrente sanguíneo.

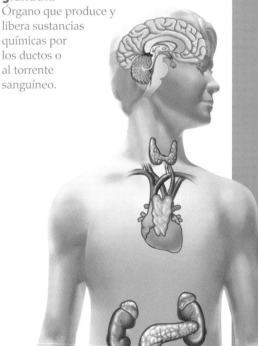

## Global Positioning System

A navigation system that uses satellite signals to locate a radio receiver on Earth's surface.

**sistema de posicionamiento global**

Sistema de navegación que usa señales satelitales para ubicar un receptor de radio en la superficie de la Tierra.

## global warming

A gradual increase in the average temperature of the atmosphere, thought to be caused by an increase in greenhouse gases from human activities.

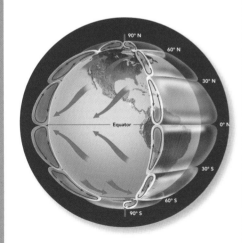

**calentamiento global**

Aumento gradual de la temperatura promedio de la atmósfera cuya causa se piensa que es el aumento de emisiones de gases de efecto invernadero ocasionados por actividades humanas.

## global winds

Winds that blow steadily from specific directions over long distances.

**vientos globales**

Vientos que soplan constantemente desde direcciones específicas por largas distancias.

## globe

A sphere that represents Earth's entire surface.

**globo terráqueo**

Esfera que representa toda la superficie de la Tierra.

## globular cluster

A large, round, densely-packed grouping of older stars.

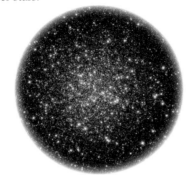

**cúmulo globular**

Conjunto grande y redondo de estrellas viejas densamente agrupadas.

## glucose

**1.** A sugar that is the major source of energy for the body's cells. **2.** A simple carbohydrate; the monomer of many complex carbohydrates.

**glucosa**

**1.** Azúcar que es la fuente principal de energía para las células corporales.
**2.** Carbohidrato simple; monómero de muchos carbohidratos complejos.

## goal

Purpose.

**meta**

Propósito.

## Golgi apparatus

An organelle in a cell that receives proteins and other newly formed materials from the endoplasmic reticulum, packages them, and distributes them to other parts of the cell.

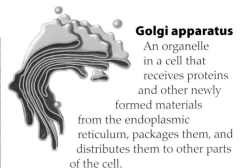

**aparato de Golgi**

Orgánulo de la célula que recibe, empaqueta y distribuye a otras partes de la célula las proteínas y otros materiales que se forman en el retículo endoplasmático.

## gradualism

Pattern of evolution characterized by the slow and steady accumulation of small genetic changes over long periods of time.

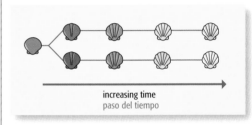

increasing time
paso del tiempo

**gradualismo**

Evolución de una especie por medio de la acumulación lenta pero continua de cambios genéticos a través de largos períodos de tiempo.

## grains

The particles of minerals or other rocks that give a rock its texture.

**granos**

Partículas de minerales o de otras rocas que le dan textura a una roca.

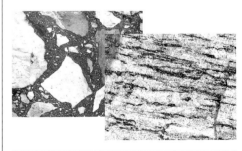

## granite

A usually light-colored igneous rock that is found in continental crust.

**granito**

Roca generalmente de color claro que se encuentra en la corteza continental.

## Population Growth

**graph**
A picture of information from a data table; shows the relationship between variables.

**gráfica**
Representación visual de la información de una tabla de datos; muestra la relación entre las variables.

**grassland**
An area populated mostly by grasses and other nonwoody plants that gets 25 to 75 centimeters of rain each year.

**pradera**
Área poblada principalmente por hierbas y otras plantas no leñosas, y donde caen entre 25 y 75 centímetros de lluvia cada año.

**gravitational potential energy**
Potential energy that depends on the height of an object.

**energía gravitatoria potencial**
Energía potencial que depende de la altura de un cuerpo.

**gravity**
The attractive force between objects; the force that moves objects downhill.

**gravedad**
Fuerza que atrae a los cuerpos entre sí; fuerza que mueve un cuerpo cuesta abajo.

**greenhouse effect**
The trapping of heat near a planet's surface by certain gases in the planet's atmosphere.

**efecto invernadero**
Retención de calor cerca de la superficie de un planeta debido a la presencia de ciertos gases en la atmósfera.

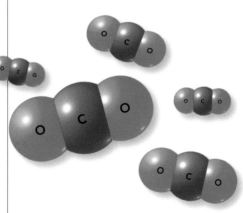

**greenhouse gases**
Gases in the atmosphere that trap energy.

**gases de efecto invernadero**
Gases presentes en la atmósfera que atrapan la energía.

**groin**
A wall made of rocks or concrete that is built outward from a beach to reduce erosion.

**escollera**
Pared de piedra o concreto que se construye perpendicularmente a una playa para reducir la erosión.

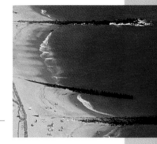

**grounded**
Allowing charges to flow directly from the circuit into the building's ground wire and then into Earth in the event of a short circuit.

**conectado a tierra**
Permitir que las cargas eléctricas fluyan directamente del circuito al cable a tierra del edificio y luego a la Tierra en caso de un cortocircuito.

**groundwater**
Water that fills the cracks and spaces in underground soil and rock layers.

**aguas freáticas**
Agua que llena las grietas y huecos de las capas subterráneas de tierra y roca.

**group**
Elements in the same vertical column of the periodic table; also called family.

**grupo**
Elementos en la misma columna vertical de la tabla periódica; también llamado familia.

28
**Ni**
Nickel
58.69

46
**Pd**
Palladium
106.4

78
**Pt**
Platinum
195.09

110
**Ds**
Darmstadtium
(269)

## gully
A large channel in soil that carries runoff after a rainstorm.

### barranco
Canal grande en el suelo formado por corrientes de agua durante una tormenta de lluvia.

## gymnosperm
A plant that produces seeds directly on the scales of cones—not enclosed by a protective fruit.

### gimnosperma
Planta que produce semillas directamente sobre las escamas de los conos—sin estar encerradas en un fruto protector.

## habitat
An environment that provides the things a specific organism needs to live, grow, and reproduce.

### hábitat
Medio que provee lo que un organismo específico necesita para vivir, crecer y reproducirse.

## habitat destruction
The loss of a natural habitat.

### destrucción del habitat
Pérdida de un hábitat natural.

## habitat fragmentation
The breaking of a habitat into smaller, isolated pieces.

### fragmentación del hábitat
Desintegración de un hábitat en porciones aisladas más pequeñas.

## half-life
The time it takes for half of the atoms of a radioactive element to decay.

### vida media
Tiempo que toma descomponer la mitad de los átomos de un elemento radiactivo.

| Half-Lives of Some Radioactive Isotopes | |
| --- | --- |
| **Element** | **Half-Life** |
| Polonium-216 | 0.16 second |
| Iodine-131 | 8.07 day |
| Cobalt-60 | 5.26 years |
| Carbon-14 | 5,730 years |
| Uranium-235 | 710 million years |
| Uranium-238 | 4.5 billion years |

| | 9 |
| --- | --- |
| **F** | |
| Fluorine | |
| 18.998 | |

## halogen
An element found in Group 17 of the periodic table.

### halógeno
Elemento del Grupo 17 de la tabla periódica.

## hazardous waste
A material that can be harmful if it is not properly disposed of.

### desecho peligroso
Material que puede ser dañino si no se elimina adecuadamente.

## headland
A part of the shore that sticks out into the ocean.

### promontorio
Parte de la costa que se interna en el mar.

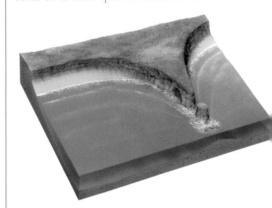

## heart
A hollow, muscular organ that pumps blood throughout an organism's body.

### corazón
Órgano hueco y muscular que bombea la sangre por todas partes del cuerpo de un organismo.

## heart attack
A sudden instance in which blood flow to part of the heart muscle is blocked, causing heart cells to die.

### infarto cardiaco
Suceso repentino en la que se obstruye el flujo de sangre a una parte del músculo cardiaco, lo que causa la muerte de las células cardiacas.

## heat
The transfer of thermal energy from a warmer object to a cooler object.

### calor
Transferencia de energía térmica de un cuerpo más cálido a uno menos cálido.

## heliocentric
Term describing a model of the solar system in which Earth and the other planets revolve around the sun.

### heliocéntrico
Término que describe un modelo del universo en el cual la Tierra y los otros planetas giran alrededor del Sol.

Earth
Tierra
sun
sol

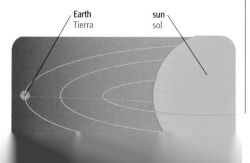

## hemisphere
One half of the sphere that makes up Earth's surface.

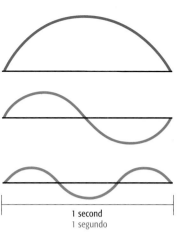
equator
ecuador

### hemisferio
Mitad de la esfera que forma la superficie de la Tierra.

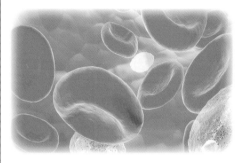

## hemoglobin
An iron-containing protein that binds chemically to oxygen molecules; makes up most of red blood cells.

### hemoglobina
Proteína que contiene hierro, y que se enlaza químicamente las moléculas de oxígeno; forma la mayoría de los glóbulos rojos.

## herbivore
A consumer that obtains energy by eating only plants.

### herbívoro
Consumidor que come sólo plantas para obtener energía.

## heredity
The passing of traits from parents to offspring.

### herencia
Transmisión de rasgos de padres a hijos.

## hertz (Hz)
Unit of measurement for frequency.

1 second
1 segundo

### hercio (Hz)
Unidad de medida de la frecuencia.

## Hertzsprung-Russell diagram
A graph relating the surface temperatures and absolute brightnesses of stars.

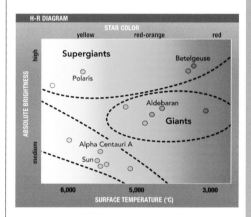

### diagrama Hertzsprung-Russell
Gráfica que muestra la relación entre la temperatura de la superficie de una estrella y su magnitud absoluta.

## heterotroph
An organism that cannot make its own food and gets food by consuming other living things.

### heterótrofo
Organismo que no puede producir sus propios alimentos y que se alimenta al consumir otros seres vivos.

## heterozygous

Having two different alleles for a particular gene.

### heterocigoto

Que tiene dos alelos distintos para un gen particular.

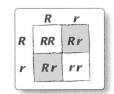

## hibernation

An animal's state of greatly reduced activity that occurs during the winter.

### hibernación

Estado de gran reducción de la actividad de un animal que ocurre en el invierno.

## histamine

A chemical that is responsible for the symptoms of an allergy.

### histamina

Sustancia química responsable de los síntomas de una alergia.

## HIV (human immunodeficiency virus)

The virus that causes AIDS.

### VIH (virus de la inmuno-deficiencia humana)

Virus que causa el SIDA.

HIV
VIH

## homeostasis

The condition in which an organism's internal environment is kept stable in spite of changes in the external environment.

### homeostasis

Condición en la que el medio ambiente interno de un organismo se mantiene estable a pesar de cambios en el medio ambiente externo.

## homologous structures

Structures that are similar in different species and that have been inherited from a common ancestor.

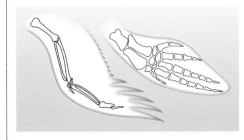

### estructuras homólogas

Estructuras parecidas de especies distintas y que se han heredado de un antepasado común.

## homozygous

Having two identical alleles for a particular gene.

### homocigoto

Que tiene dos alelos idénticos para un gen particular.

## hormone

1. A chemical that affects growth and development. 2. The chemical produced by an endocrine gland.

### hormona

1. Sustancia química que afecta el crecimiento y el desarrollo.
2. Sustancia química producida por una glándula endocrina.

## host

An organism that a parasite lives with, in, or on, and which provides a source of energy or a suitable environment for the parasite to live.

### huésped

Organismo dentro del o sobre el cual vive un parásito y que provee una fuente de energía o un medio ambiente apropiado para la existencia del parásito.

## hot spot

An area where magma from deep within the mantle melts through the crust above it.

### punto caliente

Área en la que el magma de las profundidades del manto atraviesa la corteza.

## Hubble's law

The observation that the farther away a galaxy is, the faster it is moving away.

### ley de Hubble

Observación que enuncia que mientras más lejos se encuentre una galaxia, se aleja con mayor rapidez.

## humid subtropical
A wet and warm climate found on the edges of the tropics.

### subtropical húmedo
Clima húmedo y templado que se encuentra en los límites de los trópicos.

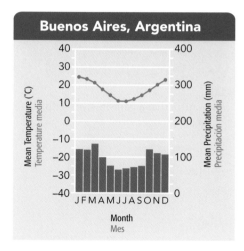

**Buenos Aires, Argentina**

[Graph with x-axis labeled "Month / Mes" showing months J F M A M J J A S O N D; left y-axis "Mean Temperature (°C) / Temperatura media" from −40 to 40; right y-axis "Mean Precipitation (mm) / Precipitación media" from 0 to 400]

## humidity
The amount of water vapor in a given volume of air.

### humedad
Cantidad de vapor de agua en cierto volumen de aire.

## humus
Dark-colored organic material in soil.

### humus
Material orgánico de color oscuro del suelo.

## hurricane
A tropical storm that has winds of about 119 kilometers per hour or higher.

### huracán
Tormenta tropical que tiene vientos de cerca de 119 kilómetros por hora o más.

## hybrid
An offspring of crosses that has two different alleles for a trait.

### híbrido
Descendiente de cruces que tiene dos alelos distintos para un rasgo.

## hybridization
A selective breeding method that involves crossing different individuals to bring together the best traits from both parents.

### hibridación
Técnica reproductiva en la que se cruzan individuos distintos para reunir los mejores rasgos de ambos progenitores.

## hydrocarbon
An organic compound that contains only carbon and hydrogen atoms.

### hidrocarburo
Compuesto orgánico que contiene átomos de carbón e hidrógeno solamente.

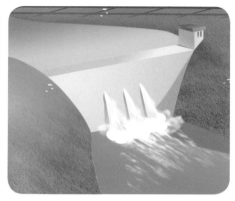

## hydroelectric power
Electricity produced by the kinetic energy of water moving over a waterfall or dam.

### energía hidroeléctrica
Electricidad producida a partir de la energía cinética del agua que baja por una catarata o presa.

## hydrogen ion
A positively charged ion ($H^+$) formed of a hydrogen atom that has lost its electron.

| Acid | Formula |
|------|---------|
| Hydrochloric acid | HCl |

$$HCl \longrightarrow H^+ + Cl^-$$

### ión hidrógeno
Ión de carga positiva ($H^+$) formado por un átomo de hidrógeno que ha perdido su electrón.

## hydrosphere
The portion of Earth that consists of water in any of its forms, including oceans, glaciers, rivers, lakes, groundwater, and water vapor.

### hidrósfera
Parte de la Tierra formada por agua en cualquiera de sus formas, ya sea océanos, glaciares, ríos, lagos, agua subterránea y vapor de agua.

| Base | Formula |
|------|---------|
| Sodium hydroxide | NaOH |

$$NaOH \longrightarrow NA^+ + OH^-$$

**hydroxide ion**
A negatively charged ion made of oxygen and hydrogen (OH⁻).

**ión hidróxido**
Ión de carga negativa formado de oxígeno e hidrógeno (OH⁻).

**hypertension**
A disease in which a person's blood pressure is consistently higher than normal; also called high blood pressure.

**hipertensión**
Enfermedad en la que la presión arterial de una persona es constantemente más alta de lo normal; se llama también presión sanguínea alta.

**hyphae**
The branching, threadlike tubes that make up the bodies of multicellular fungi.

**hifas**
Delgados tubos ramificados que forman el cuerpo de los hongos multicelulares.

hyphae
hifas

**hypothalamus**
A part of the brain that links the nervous system and the endocrine system.

**hipotálamo**
Parte del encéfalo que une el sistema nervioso con el sistema endocrino.

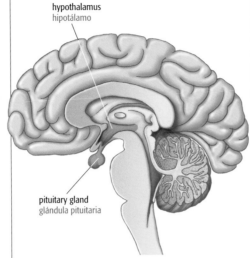

hypothalamus
hipotálamo

pituitary gland
glándula pituitaria

**hypothesis**
A possible explanation for a set of observations or answer to a scientific question; must be testable.

**hipótesis**
Explicación posible de un conjunto de observaciones o respuesta a una pregunta científica; se debe poder poner a prueba.

| Hypothesis A | Hypothesis B |
|---|---|
| My digital music player needs to be recharged. | My digital music player got wet. |

**ice age**
Time in Earth's history during which glaciers covered large parts of the surface.

**edad de hielo**
Período en la historia de la Tierra durante el cual gran parte de la superficie terrestre estaba cubierta por glaciares

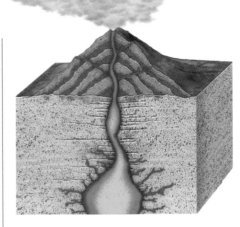

**igneous rock**
A type of rock that forms from the cooling of molten rock at or below the surface.

**roca ígnea**
Tipo de roca que se forma cuando se enfrían las rocas fundidas en la superficie o debajo de la superficie.

**image**
A copy of an object formed by reflected or refracted rays of light.

**imagen**
Copia de un objeto formado por rayos de luz que se reflejan y se refractan.

**immigration**
Movement of individuals into a population's area.

**inmigración**
Movimiento de individuos al área de una población.

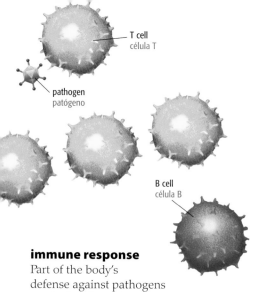

T cell
célula T

pathogen
patógeno

B cell
célula B

## immune response

Part of the body's defense against pathogens in which cells of the immune system react to each kind of pathogen with a defense targeted specifically at that pathogen.

## reacción inmunológica

Parte de la defensa del cuerpo contra los patógenos, en la que las células del sistema inmunológico reaccionan a cada tipo de patógeno con una defensa específica.

## immunity

The body's ability to destroy pathogens before they can cause disease.

## inmunidad

Capacidad del cuerpo para destruir los patógenos antes de que causen enfermedades.

## impermeable

A characteristic of materials, such as clay and granite, through which water does not easily pass.

## impermeable

Característica de los materiales, como la arcilla y el granito, que no dejan pasar fácilmente el agua.

## imprinting

A learned behavior in which newly hatched birds and newborn mammals follow the first moving object they see.

## impronta

Comportamiento adquirido de las aves y los mamíferos recién nacidos que consiste en seguir al primer cuerpo en movimiento que ven.

## impulse

An electrical message that carries information in the nervous system.

## impulso

Mensaje eléctrico que transporta información por el sistema nervioso.

## inbreeding

A selective breeding method in which two individuals with similar sets of alleles are crossed.

## endogamia

Técnica reproductiva en la que se cruzan dos individuos con conjuntos de alelos parecidos.

## incineration

The burning of solid waste.

## incineración

Quema de desechos sólidos.

**Methods of Waste Disposal**

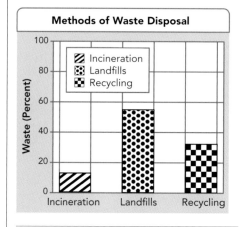

## inclined plane

A simple machine that is a flat, sloped surface.

## plano inclinado

Máquina simple que consiste en una superficie plana con pendiente.

## incomplete dominance

A situation in which one allele is not completely dominant over another allele.

## dominancia incompleta

Situación en la que un alelo no es completamente dominante sobre el otro.

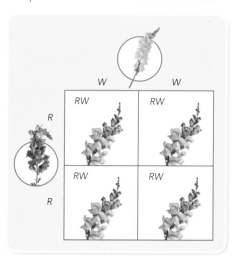

## incomplete metamorphosis

A type of metamorphosis with three stages: egg, nymph, and adult.

### metamorfosis incompleta

Tipo de metamorfosis de tres etapas: huevo, ninfa y adulto.

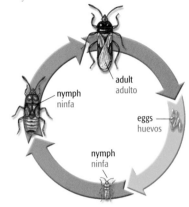

## index contour

On a topographic map, a heavier contour line that is labeled with elevation of that contour line.

### curva de nivel índice

En un mapa topográfico, curva de nivel más gruesa que lleva rotulada la elevación de esa curva de nivel.

## index fossil

Fossils of widely distributed organisms that lived during a geologically short period.

### fósil guía

Fósiles de organismos altamente dispersos que vivieron durante un período geológico corto.

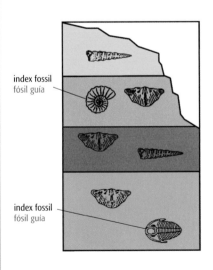

## index of refraction

A measure of the amount a ray of light bends when it passes from one medium to another.

### índice de refracción

Medida de la inclinación de un rayo de luz cuando pasa de un medio a otro.

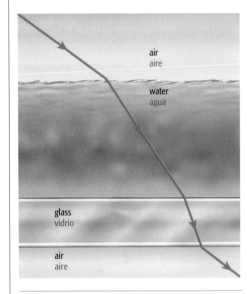

## indicator

A compound that changes color in the presence of an acid or a base.

### indicador

Compuesto que cambia de color en presencia de un ácido o una base.

## induction

A method of redistributing the charge on an object by means of the electric field of another object; the objects have no direct contact.

### inducción

Método de redistribuir la carga de un cuerpo haciendo uso del campo eléctrico de otro; los cuerpos no están en contacto directo.

## inductive reasoning

Using specific observations to make generalizations.

### razonamiento inductivo

Usar observaciones específicas para hacer generalizaciones.

## inertia

The tendency of an object to resist a change in motion.

### inercia

Tendencia de un cuerpo de resistirse a cambios de movimiento.

## infectious disease

A disease caused by the presence of a living thing in the body that can pass from one organism to another.

### enfermedad infecciosa

Enfermedad causada por la presencia de un ser vivo en el cuerpo y que puede pasar de un organismo a otro.

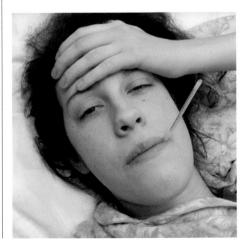

## inferring
The process of making an inference, an interpretation based on observations and prior knowledge.

### inferir
Proceso de hacer una inferencia; interpretación basada en observaciones y conocimientos previos.

## inflammatory response
Part of the body's defense against pathogens, in which fluid and white blood cells leak from blood vessels into tissues and destroy pathogens by breaking them down.

### reacción inflamatoria
Parte de la defensa del cuerpo contra los patógenos en la cual los fluidos y los glóbulos blancos salen de los vasos sanguíneos hacia los tejidos y destruyen los patógenos descomponiéndolos.

## infrared radiation
Electromagnetic waves with wavelengths that are longer than visible light but shorter than microwaves.

### radiación infrarroja
Ondas electromagnéticas con longitudes de onda más largas que la luz visible, pero más cortas que las microondas.

### infrared rays
Electromagnetic waves with shorter wavelengths and higher frequencies than microwaves.

### rayos infrarrojos
Ondas electromagnéticas con longitudes de onda más cortas y frecuencias más altas que las microondas.

---

**Effects of an Inhibitor**

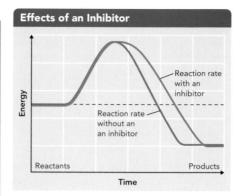

## inhibitor
A material that decreases the rate of a reaction.

### inhibidor
Material que disminuye la velocidad de una reacción.

---

## inner core
A dense sphere of solid iron and nickel at the center of Earth.

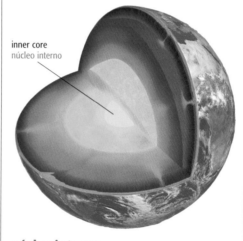

inner core
núcleo interno

### núcleo interno
Esfera densa de hierro y níquel que se encuentra en el centro de la Tierra.

---

## inorganic
Not formed from living things or the remains of living things.

### inorgánico
Que no está formado por seres vivos o por los restos de seres vivos.

---

## input
Material, energy, or information that goes into a system.

### entrada
Material, energía o informacion que se agrega a un sistema.

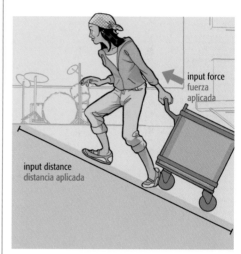

input force
fuerza aplicada

input distance
distancia aplicada

## input force
The force exerted on a machine.

### fuerza aplicada
Fuerza que se ejerce sobre una máquina.

---

## insight learning
The process of learning how to solve a problem or do something new by applying what is already known.

### aprendizaje por discernimiento
Proceso de aprendizaje de cómo resolver un problema o hacer algo nuevo aplicando lo que ya se sabe.

**instantaneous speed**
The speed of an object at one instant of time.

**velocidad instantánea**
Velocidad de un objeto en un instante del tiempo.

**instinct**
An inborn behavior that an animal performs correctly the first time.

**instinto**
Comportamiento innato que un animal ejecuta correctamente en su primer intento.

**insulation**
Material that traps air to help block heat transfer between the air inside and outside of a building.

**aislante**
Material que atrapa el aire para ayudar a bloquear el paso del calor del aire adentro y afuera de un edificio.

**insulator**
1. A material that does not conduct heat well. 2. A material that does not easily allow electric charges to flow.

**aislante**
1. Material que no conduce bien el calor. 2. Material que no permite fácilmente que las cargas eléctricas fluyan.

**insulin**
A hormone produced in the pancreas that enables the body's cells to take in glucose from the blood and use it for energy.

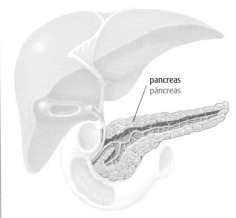

pancreas
páncreas

**insulina**
Hormona producida por el páncreas, que permite que las células del cuerpo absorban glucosa de la sangre y la usen como energía.

**intensity**
The amount of energy per second carried through a unit area by a wave.

**intensidad**
Cantidad de energía por segundo que transporta una onda a través de una unidad de área.

**interference**
The interaction between waves that meet.

**interferencia**
Interacción entre dos o más ondas que se encuentran.

**internal fertilization**
When eggs are fertilized inside a female's body.

**fertilización interna**
Cuando los óvulos se fertilizan dentro del cuerpo de la hembra.

**International System of Units (SI)**
A system of units used by scientists to measure the properties of matter.

| Common SI Prefixes | |
|---|---|
| **Prefix** | **Meaning** |
| kilo- (k) | 1,000 |
| hecto- (h) | 100 |
| deka- (da) | 10 |
| no prefix | 1 |
| deci- (d) | 0.1 (one tenth) |
| centi- (c) | 0.01 (one hundredth) |
| milli- (m) | 0.001 (one thousandth) |

**Sistema Internacional de Unidades (SI)**
Sistema de unidades que los científicos usan para medir las propiedades de la materia.

**interneuron**
A neuron that carries nerve impulses from one neuron to another.

**interneurona**
Neurona que transporta los impulsos nerviosos de una neurona a otra.

### interphase
The first stage of the cell cycle that takes place before cell division occurs, during which a cell grows and makes a copy of its DNA.

### interfase
Primera etapa del ciclo celular que ocurre antes de la división celular y durante la cual la célula crece y duplica su ADN.

### intertidal zone
An area between the highest high-tide line on land and the point on the continental shelf exposed by the lowest low-tide line.

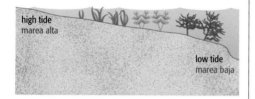

high tide
marea alta

low tide
marea baja

### zona intermareal
Área entre el punto más alto de la marea alta y el punto más bajo de la marea baja.

### intestine
An organ where digestion is completed and food is absorbed.

### intestino
Órgano donde se completa la digestión y se absorben los alimentos.

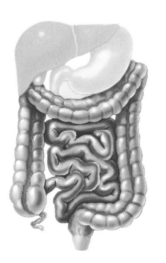

### intrusion
An igneous rock layer formed when magma hardens beneath Earth's surface.

### intrusión
Capa de roca ígnea formada cuando el magma se endurece bajo la superficie de la Tierra.

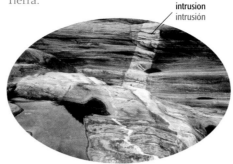

intrusion
intrusión

### intrusive rock
Igneous rock that forms when magma hardens beneath Earth's surface.

### roca intrusiva (o plutónica)
Roca ígnea que se forma cuando el magma se endurece bajo la superficie de la Tierra.

| Volume (mL) | Pressure (kPa) |
|---|---|
| 300 | 20 |
| 250 | 24 |
| 200 | 30 |
| 150 | 40 |
| 100 | 60 |
| 50 | 120 |

### inversely proportional
A term used to describe the relationship between two variables whose product is constant.

### inversamente proporcional
Término usado para describir la relación entre dos variables cuyo producto es constante.

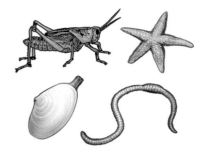

### invertebrate
An animal without a backbone.

### invertebrado
Animal sin columna vertebral.

### involuntary muscle
A muscle that is not under conscious control.

### músculo involuntario
Músculo que no se puede controlar conscientemente.

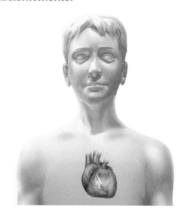

### ion
An atom or group of atoms that has become electrically charged.

### ión
Átomo o grupo de átomos que está cargado eléctricamente.

### ionic bond
The attraction between oppositely charged ions.

### enlace iónico
Atracción entre iones con cargas opuestas.

### ionic compound
A compound that consists of positive and negative ions.

### compuesto iónico
Compuesto que tiene iones positivos y negativos.

sodium ion
ión de sodio

chloride ion
ión cloruro

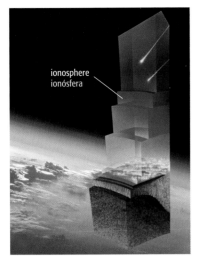

**ionosphere**
The lower part of the thermosphere.

**ionósfera**
Parte inferior de la termósfera

**iris**
The ring of muscle that surrounds the pupil and regulates the amount of light entering the eye; gives the eye its color.

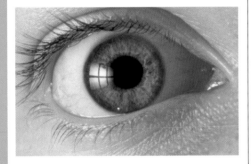

**iris**
Disco de músculo que rodea la pupila y regula la cantidad de luz que entra al ojo; da color al ojo.

**irregular galaxy**
A galaxy that does not have a regular shape.

**galaxia irregular**
Galaxia que no tiene una forma regular.

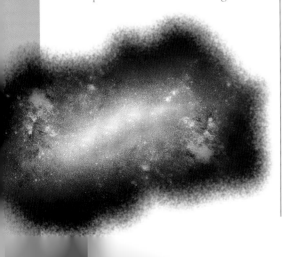

**island arc**
A string of volcanoes that form as the result of subduction of one oceanic plate beneath a second oceanic plate.

**arco de islas**
Cadena de volcanes formados como resultado de la subducción de una placa océanica debajo de una segunda placa océanica.

**isobar**
A line on a weather map that joins places that have the same air pressure.

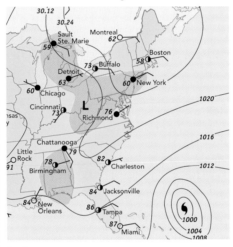

**isobara**
Línea en un mapa del tiempo que une lugares que tienen la misma presión de aire.

**isotherm**
A line on a weather map that joins places that have the same temperature.

**isoterma**
Línea en un mapa del tiempo que une lugares que tienen la misma temperatura.

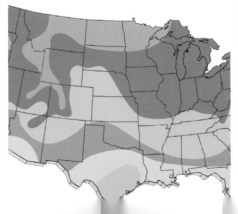

carbon-13
6 protons
7 neutrons

carbon-14
6 protons
8 neutrons

**isotope**
An atom with the same number of protons and a different number of neutrons from other atoms of the same element.

**isótopo**
Átomo con el mismo número de protones y un número diferente de neutrones que otros átomos del mismo elemento.

**jet streams**
Bands of high-speed winds about 10 kilometers above Earth's surface.

**corrientes de viento en chorro**
Bandas de vientos de alta velocidad a unos 10 kilómetros sobre la superficie de la Tierra.

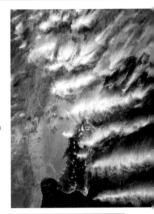

**joint**
A place in the body where two bones come together.

**articulación**
Lugar en el cuerpo en donde se unen dos huesos.

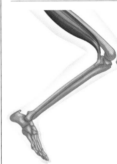

**joule**
The amount of work you do when you exert a force of 1 newton to move an object a distance of 1 meter.

**julio**
Cantidad de trabajo que se produce al aplicar una fuerza de 1 newton para mover un objeto una distancia de 1 metro.

## karst topography

A region in which a layer of limestone close to the surface creates deep valleys, caverns, and sinkholes.

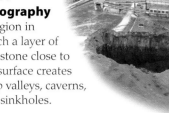

### topografía kárstica

Región en la que una capa de piedra caliza cerca de la superficie crea valles hundidos, grutas y pozos.

## karyotype

A picture of all the human chromosomes in a cell grouped together in pairs and arranged in order of decreasing size.

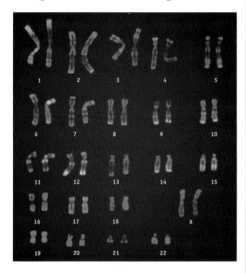

### cariotipo

Fotografía de todos los cromosomas humanos en una célula agrupados en pares y ordenados de los más grandes a los más pequeños.

## Kelvin scale

The temperature scale on which zero is the temperature at which no more energy can be removed from matter.

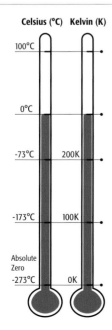

### escala Kelvin

Escala de temperatura en la cual el cero es la temperatura a cuyo punto no se puede extraer más energía de la materia.

## kettle

A small depression that forms when a chunk of ice is left in glacial till.

### marmita glacial

Pequeña depresión formada cuando un trozo de hielo se asienta en arcilla glacial.

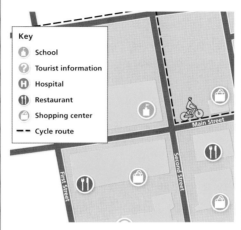

kettle lake
lago de la marmita

## key

A list of the symbols used on a map and their meanings.

### clave

Lista de los símbolos de un mapa y sus significados.

## keystone species

A species that influences the survival of many other species in an ecosystem.

### especie clave

Especie que tiene un impacto en la supervivencia de muchas otras especies de un ecosistema.

## kidney

A major organ of the excretory system; removes urea and other wastes from the blood.

### riñón

Órgano importante del sistema excretorio; elimina la urea y otros desechos de la sangre.

## kinetic energy

Energy that an object has due to its motion.

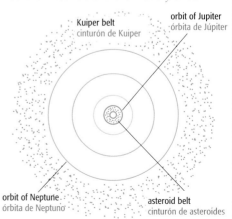

### energía cinética

Energía que tiene un cuerpo debido a su movimiento.

## Kuiper belt

A region where many small objects orbit the sun and that stretches from beyond the orbit of Neptune to about 100 times Earth's distance from the sun.

### cinturón de Kuiper

Región en la cual muchos cuerpos pequeños giran alrededor del Sol y que se extiende desde más allá de la órbita de Neptuno hasta aproximadamente cien veces la distancia entre la Tierra y el Sol.

Kuiper belt
cinturón de Kuiper

orbit of Jupiter
órbita de Júpiter

orbit of Neptune
órbita de Neptuno

asteroid belt
cinturón de asteroides

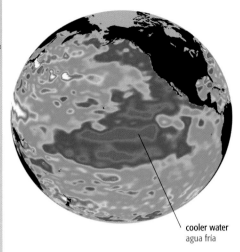

cooler water
agua fría

## La Niña
A climate event in the eastern Pacific Ocean in which surface waters are colder than normal.

### la Niña
Fenómeno climático que ocurre en la parte este del océano Pacífico, en el cual las aguas superficiales están más frías que lo normal.

## land breeze
The flow of air from land to a body of water.

### brisa terrestre
Flujo de aire desde la tierra a una masa de agua.

**land reclamation** The process of restoring land to a more natural, productive state.

### recuperación de la tierra
Proceso que consiste en restaurar la tierra y llevarla a un estado productivo más natural.

## landform
A feature of topography formed by the processes that shape Earth's surface.

### accidente geográfico
Característica de la topografía creada por los procesos de formación de la superficie de la Tierra.

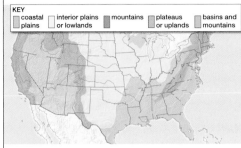

KEY
coastal plains | interior plains or lowlands | mountains | plateaus or uplands | basins and mountains

## landform region
A large area of land where the topography is made up mainly of one type of landform.

### región con accidentes geográficos
Terreno amplio donde la topografía está compuesta, principalmente, por un tipo de accidente geográfico.

## large intestine
The last section of the digestive system, where water is absorbed into the bloodstream and the remaining material is eliminated from the body.

### intestino grueso
Última sección del sistema digestivo, donde se absorbe agua dirigida al torrente sanguíneo y se eliminan del cuerpo los materiales restantes.

large intestine
intestino grueso

## larva
The immature form of an animal that looks very different from the adult.

### larva
Forma inmadura de un animal que luce muy distinta al adulto.

larva
larva

## larynx
The voice box; located in the top part of the trachea, underneath the epiglottis.

### laringe
Caja de la voz; está ubicada en la parte superior de la tráquea debajo de la epiglotis.

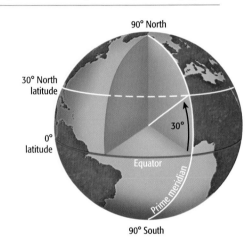

90° North
30° North latitude
0° latitude
30°
Equator
Prime meridian
90° South

## latitude
The distance in degrees north or south of the equator.

### latitud
Distancia en grados al norte o al sur del ecuador.

## lava
Liquid magma that reaches the surface.

### lava
Magma líquido que sale a la superficie.

## lava flow
The area covered by lava as it pours out of a volcano's vent.

### colada de lava
Área cubierta de lava a medida que ésta sale por la ventiladora del volcán.

## law of conservation of mass
The principle that the total amount of matter is neither created nor destroyed during any chemical or physical change.

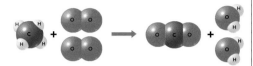

### ley de conservación de la masa
Principio que establece que la cantidad total de materia no se crea ni se destruye durante cambios químicos o físicos.

## law of conservation of momentum
The rule that in the absence of outside forces the total momentum of objects that interact does not change.

### principio de la conservación del momento
Regla que establece que, en ausencia de fuerzas externas, la cantidad de movimiento total de los cuerpos que se relacionan no cambia.

## law of superposition
The geologic principle that states that in horizontal layers of sedimentary rock, each layer is older than the layer above it and younger than the layer below it.

### ley de la superposición
Principio geológico que enuncia que, en las capas horizontales de las rocas sedimentarias, cada capa es más vieja que la capa superior y más joven que la capa inferior.

## law of universal gravitation
The scientific law that states that every object in the universe attracts every other object.

### ley de gravitación universal
Ley científica que establece que todos los cuerpos del universo se atraen entre sí.

## leachate
Polluted liquid produced by water passing through and dissolving chemicals from buried wastes in a landfill.

leachate
lixiviado

### lixiviado
Líquido contaminado producido por el agua que pasa por y disuelve químicos provenientes de desechos bajo la tierra y en rellenos sanitarios.

## learning
The process that leads to changes in behavior based on practice or experience.

### aprendizaje
Proceso que conduce a cambios de comportamiento basados en la práctica o la experiencia.

## leeward
The side of a mountain range that faces away from the oncoming wind.

### sotavento
Lado de una cadena montañosa que está resguardado del viento.

wind
viento

leeward
sotavento

## lens
1. The flexible structure that focuses light that has entered the eye. 2. A curved piece of glass or other transparent material that is used to refract light.

### lente
1. Estructura flexible que enfoca la luz que entra al ojo. 2. Trozo curvo de vidrio u otro material transparente que se usa para refractar la luz.

## lever
A simple machine that consists of a rigid bar that pivots about a fixed point.

### palanca
Máquina simple que consiste en una barra rígida que gira en torno a un punto fijo.

## lichen

The combination of a fungus and either an alga or an autotrophic bacterium that live together in a relationship that benefits both organisms.

### liquen

Combinación de un hongo y una alga o bacteria autotrópica que viven juntos en una relación mutuamente beneficiosa.

## life science

The study of living things, including plants, animals, and microscopic life forms.

### ciencias de la vida

Estudio de los seres vivos como plantas, animales y formas de vida microscópicas.

## ligament

Strong connective tissue that holds bones together in movable joints.

### ligamentos

Tejido conector resistente que une dos huesos en las articulaciones móviles.

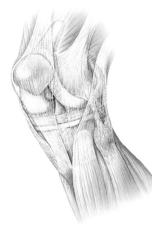

## lightning

A sudden spark, or energy discharge, caused when electrical charges jump between parts of a cloud, between nearby clouds, or between a cloud and the ground.

### rayo

Chispa repentina o descarga de energía causada por cargas eléctricas que saltan entre partes de una nube, entre nubes cercanas o entre una nube y la tierra.

## light-year

The distance that light travels in one year, about 9.5 million million kilometers.

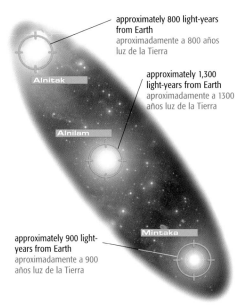

approximately 800 light-years from Earth
aproximadamente a 800 años luz de la Tierra

Alnitak

approximately 1,300 light-years from Earth
aproximadamente a 1300 años luz de la Tierra

Alnilam

approximately 900 light-years from Earth
aproximadamente a 900 años luz de la Tierra

Mintaka

### año luz

Distancia a la que viaja la luz en un año; aproximadamente 9.5 millones de millones de kilómetros.

## limiting factor

An environmental factor that causes a population to decrease in size.

### factor limitante

Factor ambiental que causa la disminución del tamaño de una población.

## linear graph

A line graph in which the data points yield a straight line.

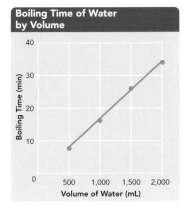

**Boiling Time of Water by Volume**

Boiling Time (min) — Volume of Water (mL)

### gráfica lineal

Gráfica en la cual los puntos de los datos forman una línea recta.

## lipid

An energy-rich organic compound, such as a fat, oil, or wax, that is made of carbon, hydrogen, and oxygen.

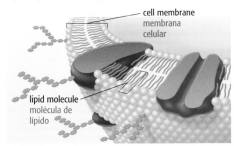

cell membrane
membrana celular

lipid molecule
molécula de lípido

### lípido

Compuesto orgánico rico en energía, como una grasa, aceite o cera, formado por los elementos carbono, hidrógeno y oxígeno.

## liquid

A state of matter that has no definite shape but has a definite volume.

### líquido

Estado de la materia que no tiene forma definida pero sí volumen definido.

## lithosphere
A rigid layer made up of the uppermost part of the mantle and the crust.

### litósfera
Capa rígida constituida por la parte superior del manto y la corteza.

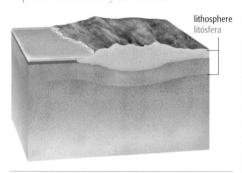

lithosphere
litósfera

## litter
The very top layer of fertile soil made of dead leaves and grass.

litter
mantillo

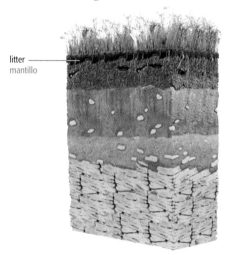

### mantillo
Capa superior del suelo fértil, que está formada por hojas y pasto muertos.

## liver
The largest organ inside the body; it plays a role in many body processes, such as producing bile for the digestive system.

liver
hígado

### hígado
El órgano más grande dentro del cuerpo; interviene en muchos procesos corporales, como la producción de bilis para el sistema digestivo.

## loam
Rich, fertile soil that is made up of about equal parts of clay, sand, and silt.

### marga
Suelo rico y fértil formado por partes casi iguales de arcilla, arena y limo.

## local winds
Winds that blow over short distances.

### vientos locales
Vientos que soplan en distancias cortas.

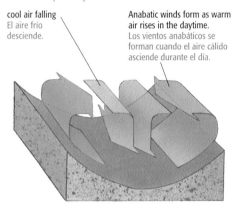

cool air falling
El aire frío desciende.

Anabatic winds form as warm air rises in the daytime.
Los vientos anabáticos se forman cuando el aire cálido asciende durante el día.

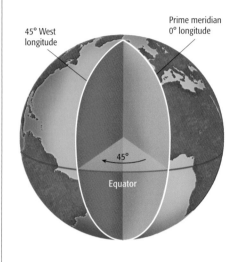

## loess
A wind-formed deposit made of fine particles of clay and silt.

### loes
Depósito de partículas finas de arcilla y limo arrastradas por el viento.

## long-day plant
A plant that flowers when the nights are shorter than the plant's critical night length.

### planta de día largo
Planta que florece cuando la duración de la noche es más corta que la duración crítica.

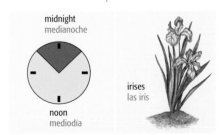

midnight
medianoche

noon
mediodía

irises
las iris

## longitude
The distance in degrees east or west of the prime meridian.

### longitud
Distancia en grados al este o al oeste del meridiano cero.

45° West longitude

Prime meridian 0° longitude

45°

Equator

## longitudinal wave
A wave that moves the medium in a direction parallel to the direction in which the wave travels.

### onda longitudinal
Onda que mueve al medio en una dirección paralela a la dirección en la que se propaga la onda.

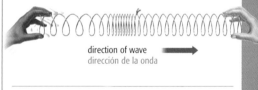

direction of wave
dirección de la onda

## loudness
Perception of the energy of a sound.

### volumen
Percepción de la energía de un sonido.

## lunar eclipse
The blocking of sunlight to the moon that occurs when Earth is directly between the sun and the moon.

## eclipse lunar
Bloqueo de la luz solar que ilumina la Luna que ocurre cuando la Tierra se interpone entre el Sol y la Luna.

sunlight
luz solar

## lung
1. An organ found in air-breathing vertebrates that exchanges oxygen and carbon dioxide with the blood. 2. In humans, one of two main organs of the respiratory system.

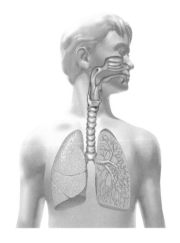

## pulmón
1. Órgano que tienen los vertebrados que respiran aire, que intercambia oxígeno y dióxido de carbono en la sangre. 2. En los humanos, uno de los dos órganos principales del sistema respiratorio.

## luster
The way a mineral reflects light from its surface.

## lustre
Manera en la que un mineral refleja la luz en su superficie.

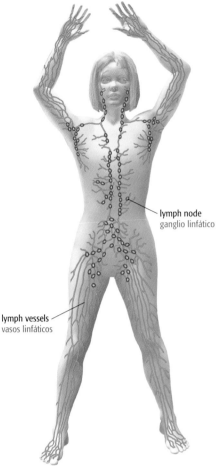

lymph node
ganglio linfático

lymph vessels
vasos linfáticos

## lymph
The fluid consisting of water and other dissolved materials that the lymphatic system collects and returns to the bloodstream.

## linfa
Fluido formado por agua y otros materiales disueltos que el sistema linfático recoge y devuelve al torrente sanguíneo.

## lymph node
A small knob of tissue in the lymphatic system that filters lymph, trapping bacteria and other microorganisms that cause disease.

## ganglio linfático
Pequeña prominencia de tejido en el sistema linfático que filtra la linfa, atrapando las bacterias y otros microorganismos que causan enfermedades.

## lymphatic system
A network of veinlike vessels that returns the fluid that leaks out of blood vessels to the bloodstream.

## sistema linfático
Red de vasos que parecen venas que devuelve al torrente sanguíneo el fluido que sale de los vasos sanguíneos.

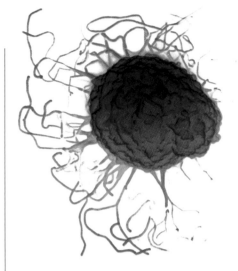

## lymphocyte
A white blood cell that distinguishes between each kind of pathogen.

## linfocito
Glóbulo blanco que distingue cada tipo de patógeno.

## lysosome
A cell organelle which contains chemicals that break down large food particles into smaller ones and that can be used by the rest of the cell.

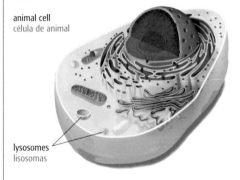

animal cell
célula de animal

lysosomes
lisosomas

## lisosoma
Orgánulo de una célula, que tiene sustancias químicas que convierten partículas grandes de alimentos en partículas más pequeñas que el resto de la célula puede utilizar.

## machine
A device that changes the amount of force exerted, the distance over which a force is exerted, or the direction in which force is exerted.

## máquina
Dispositivo que altera la cantidad de fuerza ejercida, la distancia sobre que se ejerce la fuerza, o la dirección en la que se ejerce la fuerza.

## magma
The molten mixture of rock-forming substances, gases, and water from the mantle.

## magma
Mezcla fundida de las sustancias que forman las rocas, gases y agua, proveniente del manto.

## magma chamber
The pocket beneath a volcano where magma collects.

## cámara magmática
Bolsa debajo de un volcán en la que está acumulado el magma.

## magnet
Any material that attracts iron and materials that contain iron.

## imán
Material que atrae hierro o materiales que contienen el hierro.

## magnetic declination
The angle between geographic north and the north to which a compass needle points.

## declinación magnética
Ángulo (en una ubicación particular) entre el norte geográfico y el polo magnético ubicado en el hemisferio norte de la Tierra.

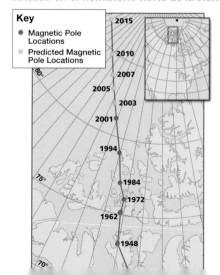

Key
- Magnetic Pole Locations
- Predicted Magnetic Pole Locations

2015
2010
2007
2005
2003
2001
1994
1984
1972
1962
1948
80°
75°
70°

## magnetic field
The region around a magnet where the magnetic force is exerted.

## campo magnético
Área alrededor de un imán donde actúa la fuerza magnética.

## magnetic field lines
Lines that map out the magnetic field around a magnet.

## líneas del campo magnético
Líneas que representan el campo magnético alrededor de un imán.

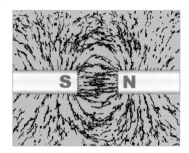

## magnetic force
A force produced when magnetic poles interact.

## fuerza magnética
Fuerza que se produce cuando hay actividad entre los polos magnéticos.

## magnetic pole
The ends of a magnetic object, where the magnetic force is strongest.

## polo magnético
Extremo de un cuerpo magnético, donde la fuerza magnética es mayor.

## magnetism
The force of attraction or repulsion of magnetic materials.

## magnetismo
Poder de atracción o repulsión de los materiales magnéticos.

## magnitude
The measurement of an earthquake's strength based on seismic waves and movement along faults.

## magnitud
Medida de la fuerza de un sismo basada en las ondas sísmicas y en el movimiento que ocurre a lo largo de las fallas.

magnitude 6.9
magnitud 6.9

## main sequence
A diagonal area on an Hertzsprung-Russell diagram that includes more than 90 percent of all stars.

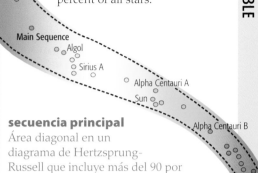

Main Sequence
Algol
Sirius A
Alpha Centauri A
Sun
Alpha Centauri B

## secuencia principal
Área diagonal en un diagrama de Hertzsprung-Russell que incluye más del 90 por ciento de todas las estrellas.

## making models
The process of creating representations of complex objects or processes.

## hacer modelos
Proceso de crear representaciones de objetos o procesos complejos.

## malleable
A term used to describe material that can be hammered or rolled into flat sheets.

## maleable
Término usado para describir materiales que se pueden convertir en láminas planas por medio de martillazos o con un rodillo.

### mammal

A vertebrate whose body temperature is regulated by its internal heat, and that has skin covered with hair or fur and glands that produce milk to feed its young.

### mamífero

Vertebrado cuya temperatura corporal es regulada por su calor interno, cuya piel está cubierta de pelo o pelaje y que tiene glándulas que producen leche para alimentar a sus crías.

### mammary gland

An organ in female mammals that produces milk for the mammal's young.

### glándula mamaria

Órgano de los mamíferos hembra que produce leche para alimentar a sus crías.

### manipulated variable

The one factor that a scientist changes during an experiment; also called independent variable.

### variable manipulada

Único factor que el científico cambia durante un experimento; también llamada variable independiente.

### mantle

The layer of hot, solid material between Earth's crust and core.

### manto

Capa de material caliente y sólido entre la corteza terrestre y el núcleo.

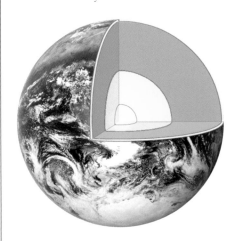

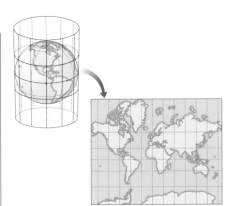

### map

A flat model of all or part of Earth's surface as seen from above.

### mapa

Modelo plano de toda la superficie de la Tierra o parte de ella tal y cómo se ve desde arriba.

### map projection

A framework of lines that helps to transfer points on Earth's surface onto a flat map.

### proyección de mapa

Esquema de líneas que facilita la transferencia de puntos de la superficie terrestre a un mapa plano.

### maria

Dark, flat areas on the moon's surface formed from huge ancient lava flows.

### maria

Áreas oscuras y llanas de la superficie lunar formadas por enormes flujos de lava antiguos.

### marine climate

The climate of some coastal regions, with relatively warm winters and cool summers.

### clima marino

Clima de algunas regiones costeras, con inviernos relativamente templados y veranos fríos.

## maritime (air mass)
A humid air mass that forms over oceans.

### masa de aire marítima
Masa de aire húmedo que se forma sobre los océanos.

## marrow
The soft connective tissue that fills the internal spaces in bone.

### médula ósea
Tejido conector suave que llena los espacios internos de un hueso.

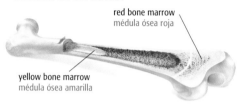

red bone marrow
médula ósea roja

yellow bone marrow
médula ósea amarilla

## marsupial
A mammal whose young are born at an early stage of development, and which usually continue to develop in a pouch on their mother's body.

### marsupial
Mamífero cuyas crías nacen en una etapa muy temprana del desarrollo, y que normalmente continúan el desarrollo en una bolsa del cuerpo de la madre.

## mass
A measure of how much matter is in an object.

### masa
Medida de cuánta materia hay en un cuerpo.

## mass extinction
When many types of living things become extinct at the same time.

### extinción en masa
Situación que ocurre cuando muchos tipos de seres vivos se extinguen al mismo tiempo.

## mass movement
Any one of several processes by which gravity moves sediment downhill.

### movimiento en masa
Cualquiera de los procesos por los cuales la gravedad desplaza sedimentos cuesta abajo.

## mass number
The sum of protons and neutrons in the nucleus of an atom.

### número de masa
Suma de los protones y neutrones en el núcleo de un átomo.

carbon-12
carbono-12

## matter
Anything that has mass and takes up space.

### materia
Cualquier cosa que tiene masa y ocupa un espacio.

## mean
The numerical average of a set of data.

| American Alligator No. 23-4 | | |
|---|---|---|
| Year | Births | Deaths |
| 1 | 32 | 8 |
| 2 | 28 | 13 |
| 3 | 47 | 21 |
| 4 | 33 | 16 |
| Mean | 35 | 15 |

### media
Promedio numérico de un conjunto de datos.

## meander
A looplike bend in the course of a river.

### meandro
Curva muy pronunciada en el curso de un río.

## mechanical advantage

The number of times a machine increases a force exerted on it.

## ventaja mecánica

Número de veces que una máquina amplifica la fuerza que se ejerce sobre ella.

input force
fuerza aplicada

## mechanical energy

Kinetic or potential energy associated with the motion or position of an object.

## energía mecánica

Energía cinética o potencial asociada con el movimiento o la posición de un cuerpo.

## mechanical engineering

The branch of engineering that deals with the design, construction, and operation of machinery.

## ingeniería mecánica

Rama de la ingeniería que trata del diseño, la construcción y la operación de máquinas.

## mechanical wave

A wave that requires a medium through which to travel.

## onda mecánica

Onda que necesita un medio por el cual propagarse.

## mechanical weathering

The type of weathering in which rock is physically broken into smaller pieces.

## desgaste mecánico

Tipo de desgaste en el cual una roca se rompe físicamente en trozos más pequeños.

| Weathering Rates of Limestone | | |
|---|---|---|
| Time (years) | Thickness of Stone Lost (mm) | |
| | Stone A | Stone B |
| 200 | 1.75 | 0.80 |
| 400 | 3.50 | 1.60 |
| 600 | 5.25 | 2.40 |
| 800 | 7.00 | 3.20 |
| 1,000 | 8.75 | 4.00 |

## median

The middle number in a set of data.

## mediana

Número del medio de un conjunto de datos.

## medium

The material through which a wave travels.

## medio

Material a través del cual se propaga una onda.

## medusa

A cnidarian body form characterized by an open umbrella shape and adapted for a free-swimming life.

## medusa

Cnidario con cuerpo que tiene la forma de una sombrilla abierta y que está adaptado para nadar libremente.

## meiosis

The process that occurs in the formation of sex cells (sperm and egg) by which the number of chromosomes is reduced by half.

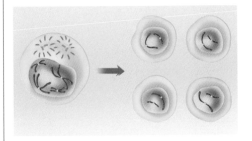

## meiosis

Proceso durante la formación de las células sexuales (espermatozoide y óvulo) por el cual el número de cromosomas se reduce a la mitad.

## melanin

A pigment that gives the skin its color.

## melanina

Pigmento que da color a la piel.

### melting
The change in state from a solid to a liquid.

### fusión
Cambio del estado sólido a líquido.

### melting point
The temperature at which a substance changes from a solid to a liquid; the same as the freezing point, or temperature at which a liquid changes to a solid.

### punto de fusión
Temperatura a la que una sustancia cambia de estado sólido a líquido; es lo mismo que el punto de congelación (la temperatura a la que un líquido se vuelve sólido).

### meniscus
The curved upper surface of a liquid in a column of liquid.

### menisco
Superficie superior curva de un líquido en una columna de líquido.

### menstrual cycle
The monthly cycle of changes that occurs in the female reproductive system, during which an egg develops and the uterus prepares for the arrival of a fertilized egg.

### ciclo menstrual
Ciclo mensual de cambios del sistema reproductor femenino, durante el cual se desarrolla un óvulo y el útero se prepara para la llegada del óvulo fecundado.

### menstruation
The process in which the thickened lining of the uterus breaks down and blood and tissue then pass out of the female body through the vagina.

### menstruación
Proceso en el cual el recubrimiento grueso del útero se rompe, y sangre y tejido salen del cuerpo femenino a través de la vagina.

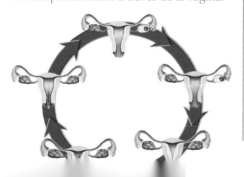

### mercury barometer
An instrument that measures changes in air pressure, consisting of a glass tube partially filled with mercury, with its open end resting in a dish of mercury.

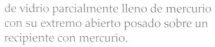

air pressure
presión del aire

### barómetro de mercurio
Instrumento que mide los cambios de presión del aire; es un tubo de vidrio parcialmente lleno de mercurio con su extremo abierto posado sobre un recipiente con mercurio.

### mesosphere
The layer of Earth's atmosphere immediately above the stratosphere.

### mesósfera
Capa de la atmósfera de la Tierra inmediatamente sobre la estratósfera.

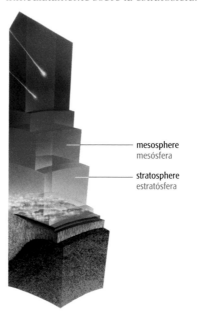

mesosphere
mesósfera

stratosphere
estratósfera

### messenger RNA
Type of RNA that carries copies of instructions for the assembly of amino acids into proteins from DNA to ribosomes in the cytoplasm.

### ARN mensajero
Tipo de ARN que lleva, del ADN a los ribosomas del citoplasma, copias de instrucciones para sintetizar a los aminoácidos en proteínas.

### metabolism
The combination of chemical reactions through which an organism builds up or breaks down materials.

### metabolismo
Combinación de reacciones químicas mediante las cuales un organismo compone o descompone la materia.

### metal
A class of elements characterized by physical properties that include shininess, malleability, ductility, and conductivity.

### metal
Clase de elementos caracterizados por propiedades físicas que incluyen brillo, maleabilidad, ductilidad y conductividad.

### metallic bond
An attraction between a positive metal ion and the electrons surrounding it.

### enlace metálico
Atracción entre un ión metálico positivo y los electrones que lo rodean.

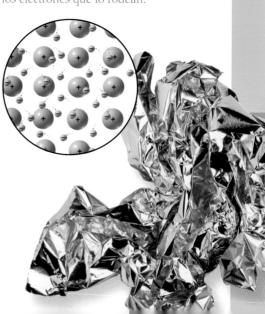

## metalloid
An element that has some characteristics of both metals and nonmetals.

## metaloide
Elemento que tiene algunas características de los metales y de los no metales.

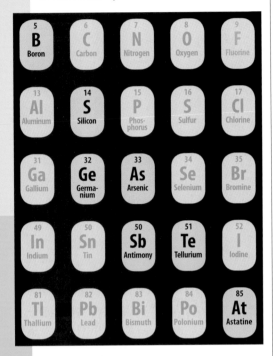

## metamorphic rock
A type of rock that forms from an existing rock that is changed by heat, pressure, or chemical reactions.

## roca metamórfica
Tipo de roca que se forma cuando una roca cambia por el calor, la presión o por reacciones químicas.

## metamorphosis
A process in which an animal's body undergoes major changes in shape and form during its life cycle.

## metamorfosis
Proceso por el cual el cuerpo de un animal cambia de forma radicalmente durante su ciclo vital.

## meteor
A streak of light in the sky produced by the burning of a meteoroid in Earth's atmosphere.

## meteoro
Rayo de luz en el cielo producido por el incendio de un meteoroide en la atmósfera terrestre.

## meteorite
A meteoroid that passes through the atmosphere and hits Earth's surface.

## meteorito
Meteoroide que pasa por la atmósfera y toca la superficie terrestre.

## meteoroid
A chunk of rock or dust in space, generally smaller than an asteroid.

## meteoroide
Un trozo de roca o polvo, generalmente más pequeño que un asteroide, que existe en el espacio.

## meteorologists
Scientists who study the causes of weather and try to predict it.

## meteorólogos
Científicos que estudian las causas del tiempo e intentan predecirlo.

## metric system
A system of measurement based on the number 10.

## sistema métrico
Sistema de medidas basado en el número 10.

## microgravity
The condition of experiencing weightlessness in orbit.

## microgravedad
Manifestación de la falta de pesadez al estar en órbita.

## microorganism
A living thing too small to see without a microscope.

## microorganismo
Ser vivo que es tan pequeño que sólo es visible a través de un microscopio.

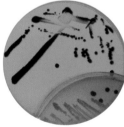

## microscope
An instrument that makes small objects look larger.

## microscopio
Instrumento que permite que los objetos pequeños se vean más grandes.

## microwaves
Electromagnetic waves that have shorter wavelengths and higher frequencies than radio waves.

radio waves
ondas de radio

microwaves
microondas

visible light
luz visible

## microondas
Ondas electromagnéticas con longitudes de onda más cortas y frecuencias más altas que las ondas de radio.

## mid-ocean ridge
An undersea mountain chain where new ocean floor is produced; a divergent plate boundary under the ocean.

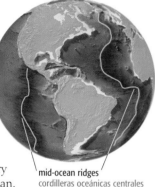

mid-ocean ridges
cordilleras oceánicas centrales

## cordillera oceánica central
Cadena montañosa submarina donde se produce el nuevo suelo oceánico; borde de placa divergente bajo el océano.

## migration
The regular, seasonal journey of an animal from one environment to another and back again for the purpose of feeding or reproduction.

## migración
Viaje estacional y regular, de ida y vuelta, que hace un animal de un medio ambiente a otro con el propósito de alimentarse y reproducirse.

NORTH AMERICA

Atlantic Ocean

Pacific Ocean

SOUTH AMERICA

Key to Migration Routes
Arctic tern
Monarch butterfly

## mineral
1. A naturally occurring solid that can form by inorganic processes and that has a crystal structure and a definite chemical composition. 2. A nutrient that is needed by the body in small amounts and is not made by living things.

## mineral
1. Sólido natural que puede formarse por procesos inorgánicos, con estructura cristalina y composición química específica.
2. Nutriente inorgánico que el cuerpo necesita en pequeñas cantidades y que no es producido por los seres vivos.

## mirage
An image of a distant object caused by refraction of light as it travels through air of varying temperature.

## espejismo
Imagen de un objeto distante causado por la refracción de la luz cuando viaja por el aire a temperaturas cambiantes.

## mitochondria
Rod-shaped organelles that convert energy in food molecules to energy the cell can use to carry out its functions.

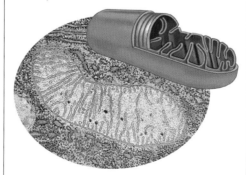

## mitocondria
Estructura celular con forma de bastón que transforma la energía de las moléculas de alimentos en energía que la célula puede usar para llevar a cabo sus funciones.

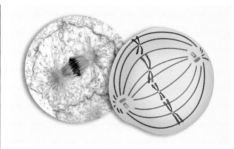

## mitosis
The second stage of the cell cycle during which the cell's nucleus divides into two new nuclei and one set of DNA is distributed into each daughter cell.

## mitosis
Segunda etapa del ciclo celular, durante la cual se divide el núcleo de la célula en dos núcleos nuevos y el conjunto del ADN se reparte entre cada célula hija.

## mixture
Two or more substances that are together in the same place but their atoms are not chemically bonded.

## mezcla
Dos o más sustancias que están en el mismo lugar pero cuyos átomos no están químicamente enlazados.

## mode
The number that appears most often in a list of numbers.

## moda
Número que aparece con más frecuencia en una lista de números.

| Index of Refraction | |
|---|---|
| Medium | Index of Refraction |
| Air (gas) | 1.00 |
| Water (liquid) | 1.33 |
| Ethyl alcohol (liquid) | 1.36 |
| Quartz (solid) | 1.46 |
| Corn oil (liquid) | 1.47 |
| Glycerol (liquid) | 1.47 |
| Glass, crown (solid) | 1.52 |
| Sodium chloride (solid) | 1.54 |
| Zircon (solid) | 1.92 |
| Diamond (solid) | 2.42 |

## model
A representation of a complex object or process, used to help people understand a concept that they cannot observe directly.

## modelo
Representación de un objeto o proceso complejo que se usa para explicar un concepto que no se puede observar directamente.

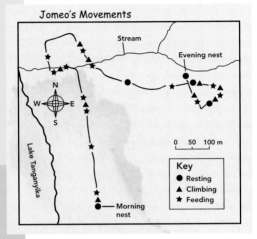

Jomeo's Movements

## Modified Mercalli scale
A scale that rates the amount of shaking from an earthquake.

## escala modificada de Mercalli
Escala que evalúa la intensidad del temblor de un terremoto.

| Rank | Description |
|------|-------------|
| I–III | People notice vibrations like those from a passing truck. Unstable objects disturbed. |
| IV–VI | Some windows break. Plaster may fall. |
| VII–IX | Moderate to heavy damage. Buildings jolted off foundations. |
| X–XII | Great destruction. Cracks appear in ground. Waves seen on surface. |

## Mohs hardness scale
A scale ranking ten minerals from softest to hardest; used in testing the hardness of minerals.

## escala de dureza de Mohs
Escala en la que se clasifican diez minerales del más blando al más duro; se usa para probar la dureza de los minerales.

## mold
A type of fossil that is a hollow area in sediment in the shape of an organism or part of an organism.

## molde
Tipo de fósil que consiste en una depresión del sedimento que tiene la forma de un organismo o de parte de un organismo.

## molecular compound
A compound that is composed of molecules.

water ($H_2O$)
agua ($H_2O$)

## compuesto molecular
Compuesto que tiene moléculas.

## molecule
A neutral group of two or more atoms held together by covalent bonds.

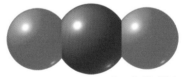

carbon dioxide ($CO_2$)
dióxido de carbono ($CO_2$)

## molécula
Grupo neutral de dos o más átomos unidos por medio de enlaces covalentes.

## mollusk
An invertebrate with a soft, unsegmented body; most are protected by a hard outer shell.

## molusco
Invertebrado con cuerpo blando y sin segmentos; la mayoría tienen una concha exterior dura que les sirve de protección.

## molting
The process of shedding an outgrown exoskeleton.

## muda de cubierta
Proceso de cambiar un exoesqueleto viejo por uno nuevo.

## moment magnitude scale
A scale that rates earthquakes by estimating the total energy released by an earthquake.

## escala de magnitud de momento
Escala con la que se miden los sismos estimando la cantidad total de energía liberada por un terremoto.

| Magnitude | Location | Date |
|-----------|----------|------|
| 9.2 | Sumatra (Indian Ocean) | December 2004 |
| 7.9 | China | May 2008 |
| 7.6 | Turkey | August 1999 |
| 6.6 | Japan | October 2004 |
| 5.4 | California | July 2008 |

**1** Talc  **2** Gypsum  **3** Calcite  **4** Fluorite  **5** Apatite  **6** Feldspar  **7** Quartz  **8** Topaz  **9** Corundum  **10** Diamond

**momentum**
The product of an object's mass and velocity.

**momento**
Producto de la masa de un cuerpo multiplicada por su velocidad.

**monocot**
An angiosperm that has only one seed leaf.

single cotyledon or seed leaf
cotiledón único o semilla de la hoja

**monocotiledónea**
Angiosperma cuyas semillas tienen un solo cotiledón.

**monotreme**
A mammal that lays eggs.

**monotrema**
Mamífero que pone huevos.

**monsoon**
Sea or land breeze over a large region that changes direction with the seasons.

**monzón**
Vientos marinos o terrestres que soplan en una región extensa y cambian de dirección según las estaciones.

**moraine**
A ridge formed by the till deposited at the edge of a glacier.

**morrena**
Montículo formado por arcilla glaciárica depositada en el borde de un glaciar.

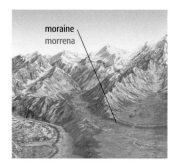

moraine
morrena

**motion**
The state in which one object's distance from another is changing.

**movimiento**
Estado en el que la distancia entre un cuerpo y otro va cambiando.

**motor neuron**
A neuron that sends an impulse to a muscle or gland, causing the muscle or gland to react.

**neurona motora**
Neurona que envía un impulso a un músculo o glándula y hace que el músculo o la glándula reaccione.

**mountain**
A landform with high elevation and high relief.

**montaña**
Accidente geográfico con una elevación alta y un relieve alto.

**mountain range**
A group of mountains that are closely related in shape, structure, area, and age.

**cordillera**
Grupo de montañas que están estrechamente relacionadas en forma, estructura y edad.

**mucus**
A thick, slippery substance produced by the body.

**mucosidad**
Sustancia espesa y lubricante que produce el cuerpo.

**multicellular**
Consisting of many cells.

**multicelular**
Que se compone de muchas células.

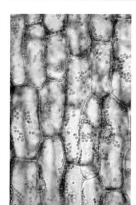

### multiple alleles
Three or more possible alleles of a gene that determine a trait.

### alelo múltiple
Tres o más alelos posibles del gen que determina un rasgo.

### municipal solid waste
Waste produced in homes, businesses, schools, and in a community.

### desechos sólidos urbanos
Desechos generados en los hogares, los negocios, las escuelas y las comunidades.

### muscle
A tissue that contracts or relaxes to create movement.

### músculo
Tejido que se contrae o relaja para crear movimiento.

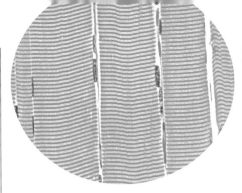

### muscle tissue
A body tissue that contracts, or shortens, making body parts move.

### tejido muscular
Tejido del cuerpo que se contrae o encoge, y permite que se muevan las partes del cuerpo.

### music
A set of sounds or notes combined in ways that are pleasing.

### música
Conjunto de sonidos o notas que se combinan de una manera agradable.

### mutation
Any change in the DNA of a gene or a chromosome.

### mutación
Cualquier cambio del ADN de un gen o cromosoma.

### mutualism
A type of symbiosis in which both species benefit from living together.

### mutualismo
Tipo de relación simbiótica entre dos especies en la cual ambas especies se benefician de su convivencia.

### natural resource
Anything naturally occuring in the environment that humans use.

### recurso natural
Cualquier elemento natural en el medio ambiente que el ser humano usa.

### natural selection
The process by which organisms that are best adapted to their environment are most likely to survive and reproduce.

### selección natural
Proceso por el cual los organismos que se adaptan mejor a su ambiente tienen mayor probabilidad de sobrevivir y reproducirse.

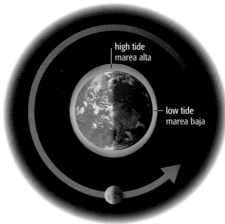

high tide
marea alta

low tide
marea baja

## neap tide
The tide with the least difference between consecutive low and high tides.

**marea muerta**
Marea con la mínima diferencia entre las mareas altas y bajas consecutivas.

## nearsighted
Having the condition in which a person can see nearby objects clearly and distant objects as blurry.

**miopía**
Condición en la que una persona ve con claridad los objetos cercanos y ve borrosos los objetos lejanos.

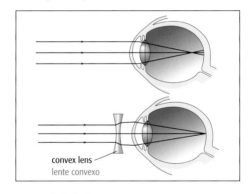

convex lens
lente convexo

## nearsightedness
The condition in which a person can see nearby objects clearly and distant objects as blurry.

**miopía**
Condición en la que una persona ve con claridad los objetos cercanos y ve borrosos los objetos lejanos.

## nebula
A large cloud of gas and dust in space.

**nebulosa**
Gran nube de gas y polvo en el espacio.

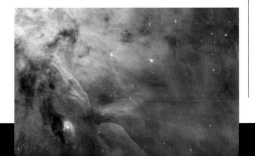

## negative feedback
A process in which a system is turned off by the condition it produces.

**reacción negativa**
Proceso en el cual un sistema cesa de funcionar debido a la condición que produce.

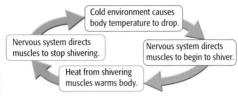

Cold environment causes body temperature to drop.

Nervous system directs muscles to stop shivering.

Nervous system directs muscles to begin to shiver.

Heat from shivering muscles warms body.

## nekton
Free-swimming animals that can move throughout the water column.

**necton**
Animales que nadan libremente y pueden desplazarse por la columna de agua.

## nephron
Small filtering structure found in the kidneys that removes wastes from blood and produces urine.

**nefrona**
Estructura diminuta de filtración ubicada en los riñones, que elimina los desechos de la sangre y produce la orina.

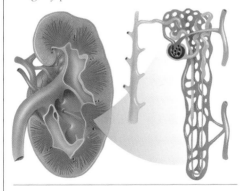

## neritic zone
The area of the ocean that extends from the low-tide line out to the edge of the continental shelf.

**zona nerítica**
Área del océano que se extiende desde la línea de bajamar hasta el borde de la plataforma continental.

high tide
marea alta

low tide
marea baja

neritic zone
zona nerítica

continental shelf
plataforma continental

## nerve
A bundle of nerve fibers.

**nervio**
Conjunto de fibras nerviosas.

## nerve impulse
The message carried by a neuron.

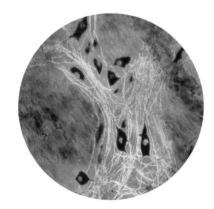

**impulso nervioso**
Mensaje que una neurona transporta.

## nervous system
An organ system that receives information from the environment and coordinates a response.

**sistema nervioso**
Sistema de órganos que recibe información del medio ambiente y coordina una respuesta.

## nervous tissue
A body tissue that carries electrical messages back and forth between the brain and other parts of the body.

**tejido nervioso**
Tejido del cuerpo que transporta impulsos eléctricos entre el cerebro y otras partes del cuerpo.

### net force
The overall force on an object when all the individual forces acting on it are added together.

### fuerza neta
Fuerza total que se ejerce sobre un cuerpo cuando se suman las fuerzas individuales que actúan sobre él.

### neuron
A cell that carries information through the nervous system.

### neurona
Célula que transporta información a través del sistema nervioso.

### neutralization
A reaction of an acid with a base, yielding a solution that is not as acidic or basic as the starting solutions were.

### neutralización
Reacción de un ácido con una base, que produce una solución que no es ácida ni básica, como lo eran las soluciones originales.

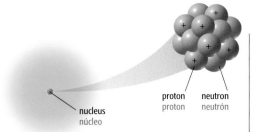

nucleus / núcleo    proton / protón    neutron / neutrón

### neutron
A small particle in the nucleus of the atom, with no electrical charge.

### neutrón
Partícula pequeña en el núcleo del átomo, que no tiene carga eléctrica.

### neutron star
The small, dense remains of a high-mass star after a supernova.

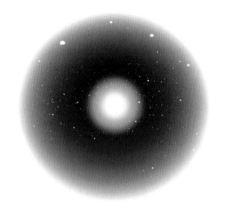

### estrella de neutrones
Restos pequeños y densos de una estrella de gran masa tras ocurrir una supernova.

### newton
A unit of measure that equals the force required to accelerate 1 kilogram of mass at 1 meter per second per second.

### newton
Unidad de medida equivalente a la fuerza necesaria para acelerar 1 kilogramo de masa a 1 metro por segundo cada segundo.

### Newton's first law of motion
The scientific law that states that an object at rest will stay at rest and an object in motion will stay in motion with a constant speed and direction unless acted on by a force.

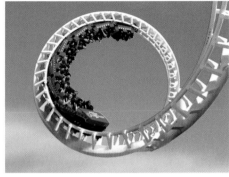

### Primera ley de movimiento de Newton
Ley científica que establece que un cuerpo en reposo se mantendrá en reposo y un cuerpo en movimiento se mantendrá en movimiento con una velocidad y dirección constantes a menos que se ejerza una fuerza sobre él.

### niche
How an organism makes its living and interacts with the biotic and abiotic factors in its habitat.

### nicho
Forma en que un organismo vive e interactúa con los factores bióticos y abióticos de su hábitat.

### nicotine
A stimulant drug in tobacco that increases the activities of the nervous system, heart, and other organs.

### nicotina
Droga estimulante del tabaco que acelera la actividad del sistema nervioso, el corazón y otros órganos.

## nitrogen bases
Molecules that contain nitrogen and other elements.

### bases nitrogenadas
Moléculas que contienen nitrógeno y otros elementos.

## nitrogen fixation
The process of changing free nitrogen gas into nitrogen compounds that plants can absorb and use.

free nitrogen in air
nitrógeno libre en el aire

fixed nitrogen in soil
nitrógeno transformado en el suelo

### fijación del nitrógeno
Proceso que consiste en transformar el gas de nitrógeno libre en compuestos de nitrógeno que las plantas pueden absorber y usar.

## noble gas
An element in Group 18 of the periodic table.

### gas noble
Elemento del Grupo 18 de la tabla periódica.

He Ne Ar

## node
A point of zero amplitude on a standing wave.

### nodo
Punto de amplitud cero de una onda estacionaria.

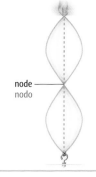

node
nodo

## nodule
A lump on the ocean floor that forms when metals such as manganese build up around pieces of shell.

### nódulo
Protuberancia formada en el suelo oceánico cuando metales, como el manganeso, se depositan sobre pedazos de concha.

## noninfectious disease
A disease that is not caused by a pathogen.

### enfermedad no infecciosa
Enfermedad que no es causada por un patógeno.

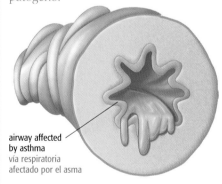

airway affected by asthma
vía respiratoria afectada por el asma

## nonlinear graph
A line graph in which the data points do not fall along a straight line.

### gráfica no lineal
Gráfica lineal en la que los puntos de datos no forman una línea recta.

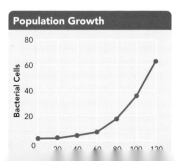

**Population Growth**

Bacterial Cells

80
60
40
20

20  40  60  80  100  120

## nonmetal
An element that lacks most of the properties of a metal.

### no metal
Elemento que carece de la mayoría de las propiedades de un metal.

6
C
Carbon
12.011

## nonpoint source
A widely spread source of pollution that is difficult to link to a specific point of origin.

### fuente dispersa
Fuente muy extendida de contaminación que es difícil vincular a un punto de origen específico.

## nonpolar bond
A covalent bond in which electrons are shared equally.

### enlace no polar
Enlace covalente en el que los electrones se comparten por igual.

## nonrenewable resource
A natural resource that is not replaced in a useful time frame.

### recurso no renovable
Recurso natural que no se restaura, en un período relativamente corto, una vez se utiliza.

## nonvascular plant
A low-growing plant that lacks true vascular tissue for transporting materials.

### planta no vascular
Planta de crecimiento lento que carece de tejido vascular verdadero para el transporte de materiales.

## normal fault
A type of fault where the hanging wall slides downward; caused by tension in the crust.

### falla normal
Tipo de falla en la cual el labio elevado o subyacente se desliza hacia abajo como resultado de la tensión de la corteza.

## notochord
A flexible rod that supports a chordate's back just below the nerve cord.

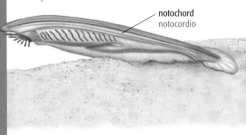

notochord
notocordio

### notocordio
Cilindro flexible que sostiene la columna de un cordado, debajo del cordón nervioso.

## nuclear energy
The potential energy stored in the nucleus of an atom.

### energía nuclear
Energía potencial almacenada en el núcleo de un átomo.

## nuclear fission
The splitting of an atom's nucleus into two smaller nuclei and neutrons, releasing a large quantity of energy.

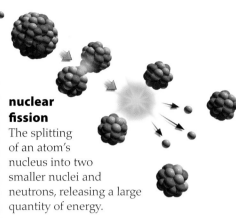

### fisión nuclear
Separación del núcleo de un átomo en núcleos y neutrones más pequeños, en la cual se libera una gran cantidad de energía.

## nuclear fusion
The process in which two atomic nuclei combine to form a larger nucleus, forming a heavier element and releasing huge amounts of energy; the process by which energy is produced in stars.

### fusión nuclear
Unión de dos núcleos atómicos que produce un elemento con una mayor masa atómica y que libera una gran cantidad de energía; el proceso mediante el cual las estrellas producen energía.

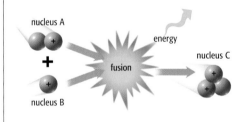

nucleus A

nucleus B

+

fusion

energy

nucleus C

## nuclear reaction
A reaction involving the particles in the nucleus of an atom that can change one element into another element.

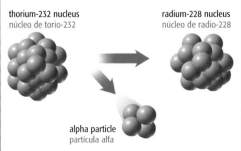

thorium-232 nucleus
núcleo de torio-232

radium-228 nucleus
núcleo de radio-228

alpha particle
partícula alfa

### reacción nuclear
Reacción en la que intervienen las partículas del núcleo de un átomo que puede transformar un elemento en otro.

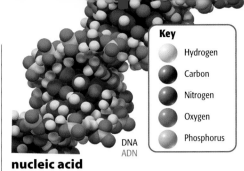

Key
Hydrogen
Carbon
Nitrogen
Oxygen
Phosphorus

DNA
ADN

## nucleic acid
A very large organic molecule made of carbon, oxygen, hydrogen, nitrogen, and phosphorus, that contains the instructions cells need to carry out all the functions of life.

### ácido nucleico
Molécula muy grande formada por carbono, oxígeno, hidrógeno, nitrógeno y fósforo, que porta las instrucciones necesarias para que las células realicen todas las funciones vitales.

## nucleus
1. In cells, a large oval organelle that contains the cell's genetic material in the form of DNA and controls many of the cell's activities. 2. The central core of an atom which contains protons and neutrons. 3. The solid core of a comet.

### núcleo
1. En las células, orgánulo grande y ovalado que contiene el material genético de la célula en forma de ADN y que controla muchas de las funciones celulares. 2. Parte central del átomo que contiene los protones y los neutrones. 3. Centro sólido de un cometa.

## nutrient
1. A substance such as nitrogen or phosphorus that enables plants and algae to grow. 2. Substances in food that provide the raw materials and energy needed for an organism to carry out its essential processes.

### nutriente
1. Sustancia como el nitrógeno o el fósforo que hace posible que las plantas y algas crezcan. 2. Sustancias de los alimentos que dan el material y la energía que un organismo necesita para sus funciones vitales.

## nutrient depletion
The situation that arises when more soil nutrients are used than the decomposers can supply.

### agotamiento de nutrientes
Situación que se produce cuando se usan más nutrientes del suelo de lo que los descomponedores pueden proporcionar.

## nymph
A stage of incomplete metamorphosis that usually resembles the adult insect.

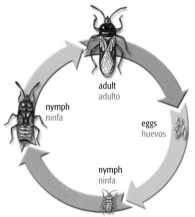

adult
adulto

nymph
ninfa

eggs
huevos

nymph
ninfa

### ninfa
Estado de la metamorfosis incompleta que generalmente se asemeja al insecto adulto.

## objective
**1.** A lens that gathers light from an object and forms a real image. **2.** Describes the act of decision-making or drawing conclusions based on available evidence.

### objetivo
**1.** Lente que reúne la luz de un objeto y forma una imagen real. **2.** Describe el acto de tomar una decisión o llegar a una conclusión basándose en la evidencia disponible.

objective
objetivo

## observatory
A building that contains one or more telescopes.

### observatorio
Edificio que contiene uno o más telescopios.

## observing
The process of using one or more of your senses to gather information.

### observar
Proceso de usar uno o más de tus sentidos para reunir información.

## obsolete
No longer in use.

### obsoleto
Que ya no está en uso.

## occluded
Cut off, as in a front where a warm air mass is caught between two cooler air masses.

Warm air

Cold air

Cool air

Direction of front

### ocluido
Aislado o cerrado, como un frente donde una masa de aire cálido queda atrapada entre dos masas de aire más frío.

## Ohm's law
The law that states that resistance in a circuit is equal to voltage divided by current.

### ley de Ohm
Regla que establece que la resistencia en un circuito es equivalente al voltaje dividido por la corriente.

## omnivore
A consumer that obtains energy by eating both plants and animals.

### omnívoro
Consumidor que come plantas y animales para obtener energía.

## Oort cloud
A spherical region of comets that surrounds the solar system.

### nube de Oort
Región esférica de cometas que rodea al sistema solar.

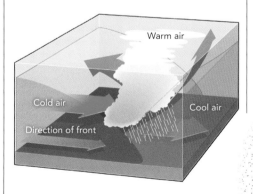

Oort cloud
nube de Oort

orbit of Neptune
órbita de Neptuno

### opaque
A type of material that reflects or absorbs all of the light that strikes it.

### material opaco
Material que refleja o absorbe toda la luz que llega a él.

opaque material
opaque material opaco

### open circulatory system
A circulatory system in which the heart pumps blood into open spaces in the body and blood is not confined to blood vessels.

### sistema circulatorio abierto
Sistema circulatorio en el que el corazón bombea la sangre a espacios abiertos del cuerpo y ésta no se limita a los vasos sanguíneos.

### open cluster
A star cluster that has a loose, disorganized appearance and contains no more than a few thousand stars.

### cúmulo abierto
Cúmulo de estrellas que tiene una apariencia no compacta y desorganizada, y que no contiene más de unas pocos miles de estrellas.

### open system
A system in which matter can enter from or escape to the surroundings.

### sistema abierto
Sistema en el que la materia puede escapar a sus alrededores o entrar desde ahí.

### open-ocean zone
The deepest, darkest area of the ocean beyond the edge of the continental shelf.

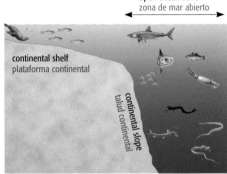

open-ocean zone
zona de mar abierto

continental shelf
plataforma continental

continental slope
talud continental

### zona de mar abierto
Zona más profunda y oscura del océano, más allá de la plataforma continental.

### opinion
An idea about a situation that is not supported by evidence.

### opinión
Idea sobre una situación que la evidencia no sustenta.

"Geese are too messy."
"Los gansos son muy sucios."

### optic nerve
Short, thick nerve that carries signals from the eye to the brain.

### nervio óptico
Nervio corto y grueso que lleva señales del ojo al cerebro.

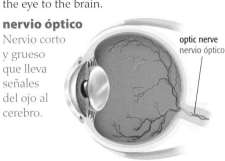

optic nerve
nervio óptico

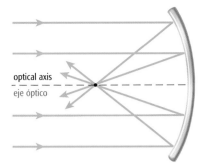

optical axis
eje óptico

### optical axis
An imaginary line that divides a mirror in half.

### eje óptico
Recta imaginaria que divide un espejo por la mitad.

### optical telescope
A telescope that uses lenses or mirrors to collect and focus visible light.

### telescopio óptico
Telescopio que usa lentes o espejos para captar y enfocar la luz visible.

### orbit
The path of an object as it revolves around another object in space.

### órbita
Trayectoria de un cuerpo a medida que gira alrededor de otro en el espacio.

## orbital velocity
The velocity a rocket must achieve to establish an orbit around a body in space.

## velocidad orbital
Velocidad que un cohete debe alcanzar para establecer una órbita alrededor de un cuerpo en el espacio.

## organ
A body structure that is composed of different kinds of tissues that work together.

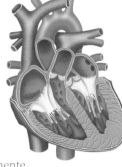

## órgano
Estructura del cuerpo compuesta de distintos tipos de tejidos que trabajan conjuntamente.

## organ system
A group of organs that work together to perform a major function.

## sistema de órganos
Grupo de órganos que trabajan juntos para realizar una función importante.

## organelle
A tiny cell structure that carries out a specific function within the cell.

## orgánulo
Estructura celular diminuta que realiza una función específica dentro de la célula.

## organic rock
Sedimentary rock that forms from remains of organisms deposited in thick layers.

## roca orgánica
Roca sedimentaria que se forma cuando los restos de organismos se depositan en capas gruesas.

## organism
A living thing.

## organismo
Un ser vivo.

## osmosis
The diffusion of water molecules across a selectively permeable membrane.

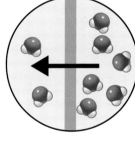

## ósmosis
Difusión de moléculas de agua a través de una membrana permeable selectiva.

## osteoporosis
A condition resulting from a loss of minerals in which the body's bones become weak and break easily.

## osteoporosis
Condición producida por la pérdida de minerales en la que los huesos del cuerpo se vuelven frágiles y se quiebran fácilmente.

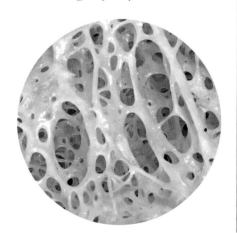

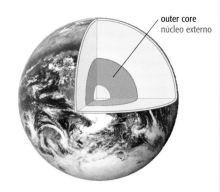

outer core
núcleo externo

## outer core
A layer of molten iron and nickel that surrounds the inner core of Earth.

## núcleo externo
Capa de hierro y níquel fundidos que rodea el núcleo interno de la Tierra.

## output
Material, energy, result, or product that comes out of a system.

## salida
Material, energía, resultado o producto que un sistema produce.

## output force
The force exerted on an object by a machine.

## fuerza desarrollada
Fuerza que una máquina ejerce sobre un cuerpo.

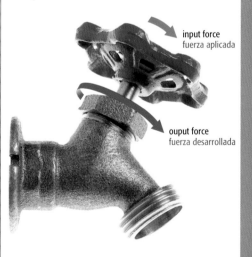

input force
fuerza aplicada

ouput force
fuerza desarrollada

### ovary
**1.** A flower structure that encloses and protects ovules and seeds as they develop. **2.** Organ of the female reproductive system in which eggs and estrogen are produced.

### ovario
**1.** Estructura de una flor que encierra y protege a los óvulos y las semillas durante su desarrollo. **2.** Órgano del sistema reproductivo femenino en el que se producen los óvulos y el estrógeno.

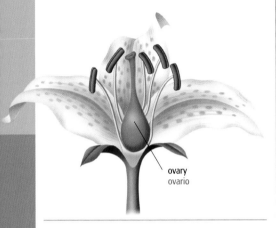

ovary
ovario

---

### overtone
A natural frequency that is a multiple of the fundamental tone's frequency.

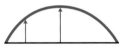

fundamental tone
tono fundamental

first overtone
primer armónico

second overtone
segundo armónico

### armónico
Frecuencia natural que es un múltiplo de la frecuencia del tono fundamental.

---

### ovulation
The process in which a mature egg is released from the ovary into a Fallopian tube.

### ovulación
Proceso en el cual el óvulo maduro sale del ovario y pasa a las trompas de falopio.

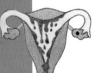

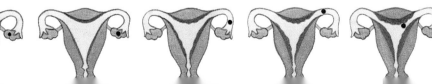

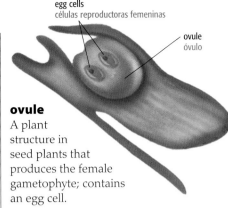

egg cells
células reproductoras femeninas

ovule
óvulo

### ovule
A plant structure in seed plants that produces the female gametophyte; contains an egg cell.

### óvulo
Estructura vegetal de las plantas de semilla que produce el gametofito femenino; contiene una célula reproductora femenina.

---

### oxbow lake
A meander cut off from a river.

### lago de recodo
Meandro que ha quedado aislado de un río.

### oxidation
A chemical change in which a substance combines with oxygen, as when iron oxidizes, forming rust.

### oxidación
Cambio químico en el cual una sustancia se combina con el oxígeno, como cuando el hierro se oxida, y produce herrumbre.

### ozone
A form of oxygen that has three oxygen atoms in each molecule instead of the usual two; toxic to organisms where it forms near Earth's surface.

### ozono
Forma de oxígeno que tiene tres átomos de oxígeno en cada molécula, en vez de dos; donde se forma en la superficie terrestre, es tóxico para los organismos.

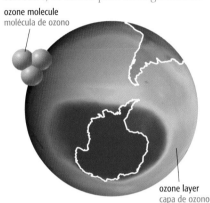

ozone molecule
molécula de ozono

ozone layer
capa de ozono

### ozone layer
The layer of the upper atmosphere that contains a higher concentration of ozone than the rest of the atmosphere.

### capa de ozono
Capa superior de la atmósfera que contiene una concentración mayor de ozono que el resto de la atmósfera.

---

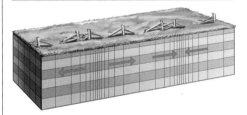

### P wave
A type of seismic wave that compresses and expands the ground.

### onda P
Tipo de onda sísmica que comprime y expande el suelo.

---

### pacemaker
A group of cells located in the right atrium that sends out signals that make the heart muscle contract and that regulates heart rate.

### marcapasos
Grupo de células ubicado en la aurícula derecha que envía señales para que el músculo cardiaco se contraiga, y que regula el ritmo cardiaco.

right atrium
aurícula derecha

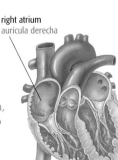

### paleontologist
A scientist who studies fossils to learn about organisms that lived long ago.

### paleontólogo
Científico que estudia fósiles para aprender acerca de los organismos que vivieron hace mucho tiempo.

### pancreas
A triangular organ that lies between the stomach and first part of the small intestine; it produces digestive enzymes that break down nutrients.

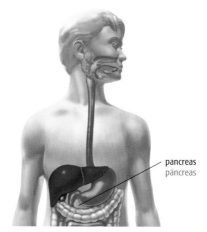

pancreas
páncreas

### páncreas
Órgano triangular ubicado entre el estómago y la parte superior del intestino delgado; produce enzimas digestivas que descomponen los nutrientes.

### Pangaea
The name of the single landmass that began to break apart 200 million years ago and gave rise to today's continents.

### Pangea
Nombre de la masa de tierra única que empezó a dividirse hace 200 millones de años y que le dio origen a los continentes actuales.

### parallax
The apparent change in position of an object when seen from different places.

### paralaje
Cambio aparente en la posición de un cuerpo cuando es visto desde distintos lugares.

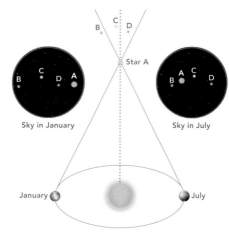

Star A

Sky in January

Sky in July

January

July

### parallel circuit
An electric circuit in which different parts of the circuit are on separate branches.

### circuito paralelo
Circuito eléctrico en el que las distintas partes del circuito se encuentran en ramas separadas.

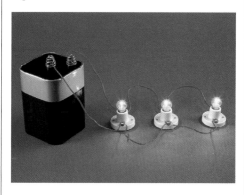

### parasite
An organism that benefits by living with, on, or in a host in a parasitism interaction.

### parásito
Organismo que se beneficia al vivir dentro de o sobre un huésped en una relación parasítica.

### parasitism
A type of symbiosis in which one organism lives with, on, or in a host and harms it.

### parasitismo
Tipo de relación simbiótica en la cual un organismo vive con o en un huésped y le hace daño.

### passive immunity
Immunity in which antibodies are given to a person rather than produced within the person's own body.

### inmunidad pasiva
Inmunidad en la que una persona recibe anticuerpos en vez de producirlos en su propio cuerpo.

### passive transport
The movement of dissolved materials across a cell membrane without using cellular energy.

### transporte pasivo
Movimiento de materiales a través de una membrana celular sin usar energía celular.

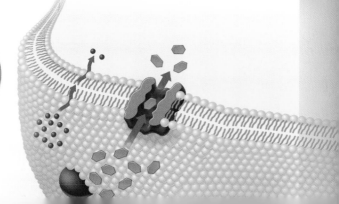

## pasteurization
A process of heating food to a temperature that is high enough to kill most harmful bacteria without changing the taste of the food.

### pasteurización
Proceso de calentamiento de los alimentos a una temperatura suficientemente alta como para matar la mayoría de las bacterias dañinas sin que cambie el sabor.

## patent
A legal document issued by a government that gives an inventor exclusive rights to make, use, or sell an invention for a limited time.

### patente
Documento legal emitido por el gobierno que otorga a un inventor los derechos exclusivos de hacer, usar o vender un invento por un tiempo limitado.

## pathogen
An organism that causes disease.

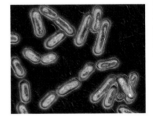

### patógeno
Organismo que causa enfermedades.

## peat
Compressed layers of dead sphagnum mosses that accumulate in bogs.

### turba
Capas comprimidas de musgos esfagnáceos muertos que se acumulan en las marismas.

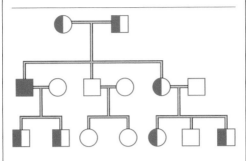

| Nutrition Facts | Amount/Serving | % DV* | Amount/Serving | % DV* |
|---|---|---|---|---|
| Serving size 1 box | **Total Fat** 0g | **0%** | Fiber 2g | **10%** |
| **Calories** 130 | **Sodium** 10mg | **0%** | Sugars 20g | |
| Not a significant source of fat calories, sat fat, trans fat, and cholesterol. | **Total Carb** 25g | **11%** | **Protein** 1g | |
| * Percent Daily Values (DV) are based on a 2,000 Calorie diet. | Calcium | 2% | Iron | 6% |

## pedigree
A chart that shows the presence or absence of a trait according to the relationships within a family across several generations.

### genealogía
Diagrama que muestra la presencia o ausencia de un rasgo según las relaciones familiares a través de varias generaciones.

## penis
The organ through which both semen and urine leave the male body.

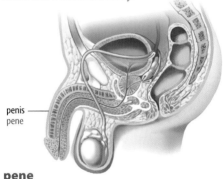

penis
pene

### pene
Órgano por el cual salen del cuerpo masculino tanto el semen como la orina.

## penumbra
The part of a shadow surrounding the darkest part.

### penumbra
Parte de la sombra que rodea su parte más oscura.

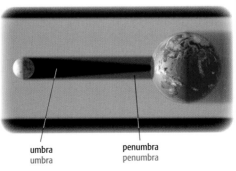

umbra
umbra

penumbra
penumbra

## Percent Daily Value
A value that shows how the nutritional content of one serving of food fits into the diet of a person who consumes 2,000 Calories a day.

### porcentaje del valor diario
Valor que muestra cómo el contenido nutricional de una porción de alimento se corresponde con la dieta de una persona que consume 2,000 calorías al día.

## percent error
A calculation used to determine how accurate, or close to the true value, an experimental value really is.

### error porcentual
Cálculo usado para determinar cuán exacto, o cercano al valor verdadero, es realmente un valor experimental.

## perennial
A flowering plant that lives for more than two years.

### perenne
Planta con flores que vive más de dos años.

## period
**1.** A horizontal row of elements in the periodic table. **2.** One of the units of geologic time into which geologists divide eras.

## período
**1.** Fila horizontal de los elementos de la tabla periódica. **2.** Una de las unidades del tiempo geológico en las que los geólogos dividen las eras.

## periodic table
An arrangement of the elements showing the repeating pattern of their properties.

### tabla periódica
Configuración de los elementos que muestra el patrón repetido de sus propiedades.

## peripheral nervous system
The division of the nervous system consisting of all of the nerves located outside the central nervous system.

### sistema nervioso periférico
División del sistema nervioso formada por todos los nervios ubicados fuera del sistema central nervioso.

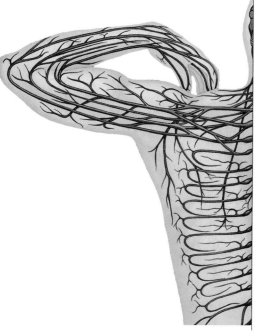

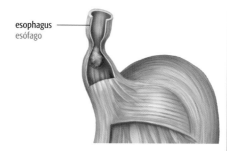

esophagus
esófago

## peristalsis
Waves of smooth muscle contractions that move food through the esophagus toward the stomach.

### peristalsis
Contracciones progresivas de músculo liso que mueven el alimento por el esófago hacia el estómago.

## permafrost
Permanently frozen soil found in the tundra biome climate region.

## permagélido
Suelo que está permanentemente congelado y que se encuentra en el bioma climático de la tundra.

## permeable
Characteristic of a material that contains connected air spaces, or pores, that water can seep through easily.

### permeable
Característica de un material que contiene diminutos espacios de aire, o poros, conectados por donde se puede filtrar el agua.

## personal bias
An outlook influenced by a person's likes and dislikes.

### prejuicio personal
Perspectiva influenciada por las preferencias de un individuo.

## pesticide
A chemical that kills insects and other crop-destroying organisms.

### pesticida
Químico usado para matar insectos y otros organismos que destruyen los cultivos.

petal
pétalo

## petal
A colorful, leaflike structure of some flowers.

### pétalo
Estructura de color brillante, similar a una hoja, que algunas flores poseen.

## petrified fossil
A fossil in which minerals replace all or part of an organism.

### fósil petrificado
Fósil en el cual los minerales reemplazan todo el organismo o parte de él.

## petrochemical
A compound made from oil.

## petroquímico
Compuesto que se obtiene del petróleo.

## petroleum
Liquid fossil fuel; oil.

## petróleo
Combustible fósil líquido.

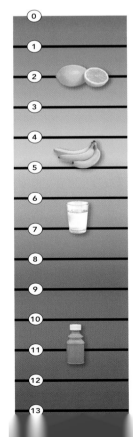

## pH scale
A range of values used to indicate how acidic or basic a substance is; expresses the concentration of hydrogen ions in a solution.

## escala de pH
Rango de valores que se usa para indicar cuán ácida o básica es una sustancia; expresa la concentración de iones hidrógeno de una solución.

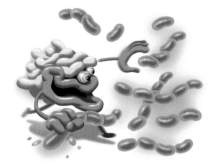

## phagocyte
A white blood cell that destroys pathogens by engulfing them and breaking them down.

## fagocito
Glóbulo blanco que destruye los patógenos envolviéndolos y descomponiéndolos.

## pharynx
The throat; part of both the respiratory and digestive systems.

## faringe
Garganta; parte de los sistemas respiratorio y digestivo.

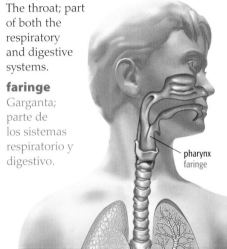

pharynx
faringe

## phase
One of the different apparent shapes of the moon as seen from Earth.

## fase
Una de las distintas formas aparentes de la Luna vistas desde la Tierra.

## phenotype
An organism's physical appearance, or visible traits.

## fenotipo
Apariencia física, o rasgos visibles, de un organismo.

## pheromone
A chemical released by one animal that affects the behavior of another animal of the same species.

## feromona
Sustancia química que produce un animal y que afecta el comportamiento de otro animal de la misma especie.

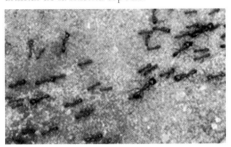

## phloem
The vascular tissue through which food moves in some plants.

## floema
Tejido vascular de algunas plantas por el que circulan los alimentos.

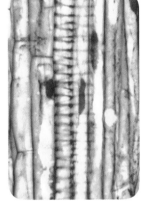

## photochemical smog
A brownish thick haze that is a mixture of ozone and other chemicals formed when pollutants react with sunlight.

## neblina tóxica fotoquímica
Nubosidad gruesa de color marrón, resultado de la mezcla del ozono y otras sustancias químicas que se forman cuando los contaminantes reaccionan a la luz del sol.

## photoelectric effect
The ejection of electrons from a substance when light is shined on it.

### efecto fotoeléctrico
Expulsión de electrones de una sustancia al ser iluminada.

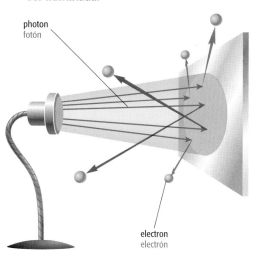

## photon
A tiny particle or packet of light energy.

### fotón
Partícula diminuta o paquete de energía luminosa.

## photoperiodism
A plant's response to seasonal changes in the length of night and day.

### fotoperiodicidad
Respuesta de una planta a los cambios estacionales del día y de la noche.

## photosphere
The inner layer of the sun's atmosphere that gives off its visible light; the sun's surface.

### fotósfera
Capa más interna de la atmósfera solar que provoca la luz que vemos; superficie del Sol.

## photosynthesis
The process by which plants and other autotrophs capture and use light energy to make food from carbon dioxide and water.

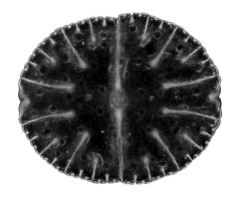

### fotosíntesis
Proceso por el cual las plantas y otros autótrofos absorben la energía de la luz para producir alimentos a partir del dióxido de carbono y el agua.

## physical change
A change that alters the form or appearance of a material but does not make the material into another substance.

### cambio físico
Cambio que altera la forma o apariencia de un material, pero que no convierte el material en otra sustancia.

## physical property
A characteristic of a pure substance that can be observed without changing it into another substance.

### propiedad física
Característica de una sustancia pura que se puede observar sin convertirla en otra sustancia.

## physical science
The study of energy, motion, sound, light, electricity, magnetism, and chemistry.

### ciencias físicas
Estudio de la energía, el movimiento, el sonido, la luz, la electricidad, el magnetismo y la química.

## pigment
1. A colored chemical compound that absorbs light.
2. A colored substance used to color other materials.

### pigmento
1. Compuesto químico que absorbe luz.
2. Sustancia de color que se usa para teñir otros materiales.

## pioneer species
The first species to populate an area during succession.

### especies pioneras
La primera especie que puebla un área durante la sucesión.

### pipe
A long tube through which magma moves from the magma chamber to Earth's surface.

### chimenea
Largo tubo por el que el magma sube desde la cámara magmática hasta la superficie de la tierra.

pipe
chimenea

### pistil
The female reproductive part of a flower.

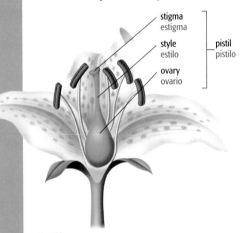

stigma
estigma

style
estilo

ovary
ovario

pistil
pistilo

### pistilo
Parte reproductora femenina de una flor.

### pitch
A description of how a sound is perceived as high or low.

### tono
Descripción de un sonido que se percibe como alto o bajo.

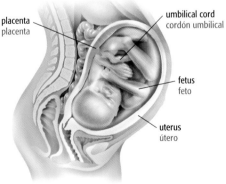

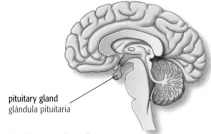

pituitary gland
glándula pituitaria

### pituitary gland
An endocrine gland that regulates many body activities and controls the actions of several other endocrine glands.

### glándula pituitaria
Glándula endocrina que regula muchas actividades corporales y controla las acciones de varias otras glándulas endocrinas.

### pixel
One bit of a digitized image, often appearing as a small square or dot.

### pixel
Trozo pequeño de una imagen digital que a menudo aparece como un cuadrado o punto pequeño.

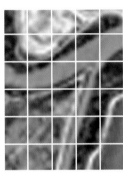

### placenta
An organ in most pregnant mammals, including humans, that links the mother and the developing embryo and allows for the passage of materials between them.

placenta
placenta

umbilical cord
cordón umbilical

fetus
feto

uterus
útero

### placenta
Órgano de la mayoría de los mamíferos preñados, incluyendo a los seres humanos, que conecta a la madre con el embrión en desarrollo y que permite el intercambio de materiales.

### placental mammal
A mammal that develops inside its mother's body until its body systems can function independently.

### mamífero placentario
Mamífero que se desarrolla dentro del cuerpo de la madre hasta que sus sistemas puedan funcionar por sí solos.

### plain
A landform made up of flat or gently rolling land with low relief.

### llanura
Accidente geográfico que consiste en un terreno plano o ligeramente ondulado con un relieve bajo.

### plane mirror
A flat mirror that produces an upright, virtual image the same size as the object.

### espejo plano
Espejo liso que produce una imagen virtual vertical del mismo tamaño que el objeto.

### planet
An object that orbits a star, is large enough to have become rounded by its own gravity, and has cleared the area of its orbit.

### planeta
Cuerpo que orbita alrededor de una estrella, que tiene suficiente masa como para permitir que su propia gravedad le dé una forma casi redonda, y que además ha despejado las proximidades de su órbita.

### planetesimal
One of the small asteroid-like bodies that formed the building blocks of the planets.

### planetesimal
Uno de los cuerpos pequeños parecidos a asteroides que dieron origen a los planetas.

### plankton
Tiny algae and animals that float in water and are carried by waves and currents.

### plancton
Algas y animales diminutos que flotan en el agua a merced de las olas y las corrientes.

### plasma
**1.** The liquid part of blood. **2.** A gaslike state of matter consisting of a mixture of free electrons and atoms that are stripped of their electrons.

### plasma
**1.** Parte líquida de la sangre. **2.** Materia gaseosa compuesta de la mezcla de electrones libres y átomos que han perdido sus electrones.

### plate
A section of the lithosphere that slowly moves over the asthenosphere, carrying pieces of continental and oceanic crust.

### placa
Sección de la litósfera que se desplaza lentamente sobre la astenósfera y que se lleva consigo trozos de la corteza continental y de la oceánica.

### plate tectonics
The theory that pieces of Earth's lithosphere are in constant motion, driven by convection currents in the mantle.

### tectónica de placas
Teoría según la cual las partes de la litósfera de la Tierra están en continuo movimiento, impulsadas por las corrientes de convección del manto.

### plateau
A large landform that has high elevation and a more or less level surface.

### meseta
Accidente geográfico que tiene una elevación alta y cuya superficie está más o menos nivelada.

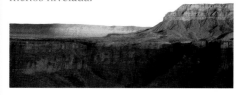

### platelet
A cell fragment that plays an important part in forming blood clots.

### plaqueta
Fragmento de la célula que juega un papel muy importante en la formación de coágulos sanguíneos.

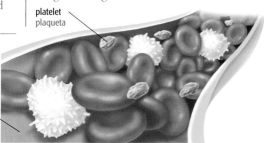

platelet
plaqueta

plasma
plasma

### plucking
The process by which a glacier picks up rocks as it flows over the land.

### extracción
Proceso por el cual un glaciar arranca las rocas al fluir sobre la tierra.

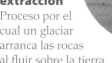

### poaching
Illegal killing or removal of wildlife from their habitats.

### caza ilegal
Matanza o eliminación de la fauna silvestre de su hábitat.

### point source
A specific source of pollution that can be identified.

### fuente localizada
Fuente específica de contaminación que puede identificarse.

### polar (air mass)
A cold air mass that forms north of 50° north latitude or south of 50° south latitude and has high air pressure.

### masa de aire polar
Masa de aire frío que se forma al norte de los 50° de latitud norte o al sur de los 50° de latitud sur y que tiene presión alta.

### polar bond
A covalent bond in which electrons are shared unequally.

### enlace polar
Enlace covalente en el que los electrones se comparten de forma desigual.

## polar zones
The areas near both poles from about 66.5° to 90° north and 66.5° to 90° south latitudes.

### zona polar
Áreas cercanas a los polos desde unos 66.5° a 90° de latitud norte y 66.5° a 90° de latitud sur.

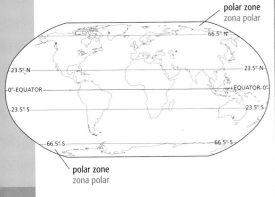

polar zone
zona polar

66.5° N

23.5° N
0°-EQUATOR
23.5° S

23.5° N
EQUATOR-0°
23.5° S

66.5° S
66.5° S

polar zone
zona polar

## polarization
The process through which electrons are attracted to or repelled by an external electric field, causing the electrons to move within their own atoms.

### polarización
Proceso por el cual un campo eléctrico externo atrae o repele a los electrones y hace que éstos se muevan dentro de su átomo.

## polarized light
Light that has been filtered so that all of its waves are parallel to each other.

### luz polarizada
Luz que se ha filtrado de manera que sus ondas queden paralelas unas con otras.

## pollen
Tiny structure (male gametophyte) produced by seed plants that contain the cell that later becomes a sperm cell.

### polen
Diminuta estructura (gametofito masculino) producida por las plantas de semilla que contiene la célula que más adelante se convertirá en un espermatozoide.

## pollination
The transfer of pollen from male reproductive structures to female reproductive structures in plants.

### polinización
Transferencia del polen de las estructuras reproductoras masculinas de una planta a las estructuras reproductoras femeninas.

## pollutant
A substance that causes pollution.

### contaminante
Sustancia que provoca contaminación.

## pollution
Contamination of Earth's land, water, or air.

### polución
Contaminación del suelo, el agua o el aire de la Tierra.

| Name | Charge | Symbol or Formula |
|------|--------|-------------------|
| Ammonium | 1+ | $NH_4^+$ |
| Bicarbonate | 1− | $HCO_3^-$ |
| Nitrate | 1− | $NO_3^-$ |
| Carbonate | 2− | $CO_3^{2-}$ |
| Sulfate | 2− | $SO_4^{2-}$ |

## polyatomic ion
An ion that is made of more than one atom.

### ión poliatómico
Ión formado por más de un átomo.

## polygenic inheritance
The inheritance of traits that are controlled by two or more genes, such as height in humans.

### herencia poligénica
Herencia de los rasgos controlados por dos o más genes, como la altura en los seres humanos.

## polyp
A cnidarian body form characterized by an upright vase shape and usually adapted for a life attached to an underwater surface.

### pólipo
Cnidario con cuerpo de forma tubular y que está adaptado para vivir fijo en un fondo acuático.

### population
All the members of one species living in the same area.

**población**
Todos los miembros de una especie que viven en el mismo lugar.

### population density
The number of individuals in an area of a specific size.

**densidad de población**
Número de individuos en un área de un tamaño específico.

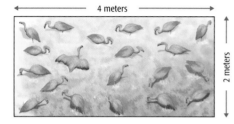

4 meters

2 meters

### pore
An opening through which sweat reaches the surface of the skin.

**poros**
Aberturas a través de las cuales sale el sudor a la superficie de la piel.

pore
poro

### potential energy
The energy an object has because of its position; also the internal stored energy of an object, such as energy stored in chemical bonds.

**energía potencial**
Energía que tiene un cuerpo por su posición; también es la energía interna almacenada de un cuerpo, como la energía almacenada en los enlaces químicos.

### power
The rate at which one form of energy is transformed into another.

**potencia**
Rapidez de la conversión de una forma de energía en otra.

### precipitate
A solid that forms from a solution during a chemical reaction.

**precipitado**
Sólido que se forma de una solución durante una reacción química.

### precipitation
Any form of water that falls from clouds and reaches Earth's surface as rain, snow, sleet, or hail.

**precipitación**
Cualquier forma del agua que cae de las nubes y llega a la superficie de la tierra como lluvia, nieve, aguanieve o granizo.

### precision
How close a group of measurements are to each other.

**precisión**
Cuán cerca se encuentran un grupo de medidas.

### predation
An interaction in which one organism kills another for food or nutrients.

**depredación**
Interacción en la cual un organismo mata a otro para alimentarse u obtener nutrientes de él.

### predator
The organism that does the killing in a predation interaction.

**depredador**
Organismo que mata durante la depredación.

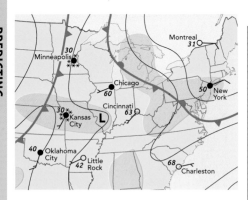

## predicting
The process of forecasting what will happen in the future based on past experience or evidence.

### predecir
Proceso de pronosticar lo que va a suceder en el futuro, basándose en evidencia o experiencias previas.

## pressure
The force pushing on a surface divided by the area of that surface.

### presión
1. Fuerza que actúa contra una superficie, dividida entre el área de esa superficie.
2. Fuerza que actúa sobre las rocas y que cambia su forma o volumen.

## prey
An organism that is killed and eaten by another organism in a predation interaction.

### presa
Organismo que es consumido por otro organismo en el proceso de depredación.

## primary color
One of three colors that can be used to make any other color.

### color primario
Uno de los tres colores que se pueden usar para hacer cualquier color.

## primary succession
The series of changes that occur in an area where no soil or organisms exist.

### sucesión primaria
Serie de cambios que ocurren en un área donde no existe suelo ni organismos.

## prime meridian
The line that makes a half circle from the North Pole to the South Pole and that passes through Greenwich, England.

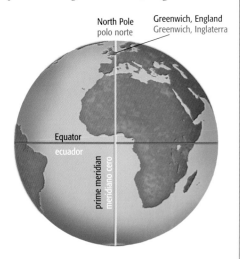

### meridiano cero
Línea que forma un medio círculo desde el polo norte al polo sur y que pasa por Greenwich, Inglaterra.

## probability
A number that describes how likely it is that a particular event will occur.

### probabilidad
Número que describe cuán probable es que ocurra un suceso.

## process
A sequence of actions in a system.

### proceso
Secuencia de acciones en un sistema.

## producer
An organism that can make its own food.

### productor
Organismo que puede generar su propio alimento.

## product
A substance formed as a result of a chemical reaction.

### producto
Sustancia formada como resultado de una reacción química.

## prokaryote
A unicellular organism that lacks a nucleus and some other cell structures.

### procariota
Organismo unicelular que carece de un núcleo y otras estructuras celulares.

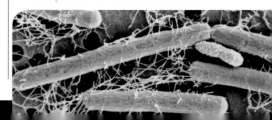

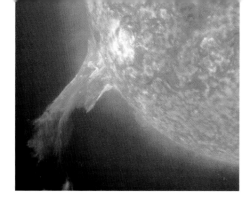

**prominence**
A huge, reddish loop of gas that protrudes from the sun's surface, linking parts of sunspot regions.

**prominencia**
Enorme burbuja de gas rojiza que sobresale de la superfice solar, y conecta partes de las manchas solares.

**protein**
Large organic molecule made of carbon, hydrogen, oxygen, nitrogen, and sometimes sulfur.

**proteína**
Molécula orgánica grande compuesta de carbono, hidrógeno, oxígeno, nitrógeno y, a veces, azufre.

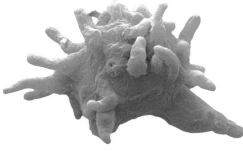

**protist**
A eukaryotic organism that cannot be classified as an animal, plant, or fungus.

**protista**
Organismo eucariótico que no se puede clasificar como animal, planta ni hongo.

**protons**
Small, positively charged particles that are found in the nucleus of an atom.

**protones**
Partículas pequeñas de carga positiva que se encuentran en el núcleo de un átomo.

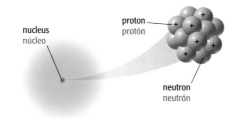

nucleus
núcleo

proton
protón

neutron
neutrón

**protostar**
A contracting cloud of gas and dust with enough mass to form a star.

**protoestrella**
Nube de gas y polvo que se contrae, con suficiente masa como para formar una estrella.

This doesn't slip at all!

**prototype**
A working model used to test a design.

**prototipo**
Modelo funcional usado para probar un diseño.

**protozoan**
A unicellular, animal-like protist.

**protozoario**
Protista unicelular con características animales.

**pseudopod**
A "false foot" or temporary bulge of cytoplasm used for feeding and movement in some protozoans.

**seudópodo**
"Pie falso" o abultamiento temporal del citoplasma que algunos protozoarios usan para alimentarse o desplazarse.

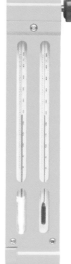

**psychrometer**
An instrument used to measure relative humidity.

**psicrómetro**
Instrumento que se usa para medir la humedad relativa.

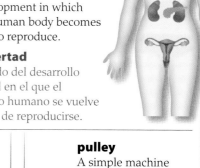

**puberty**
The period of sexual development in which the human body becomes able to reproduce.

**pubertad**
Período del desarrollo sexual en el que el cuerpo humano se vuelve capaz de reproducirse.

**pulley**
A simple machine that consists of a grooved wheel with a rope or cable wrapped around it.

**polea**
Máquina simple que consiste en una rueda con un surco en el que yace una cuerda o cable.

**pulsar**
A rapidly spinning neutron star that produces radio waves.

**pulsar**
Estrella de neutrones que gira rápidamente y produce ondas de radio.

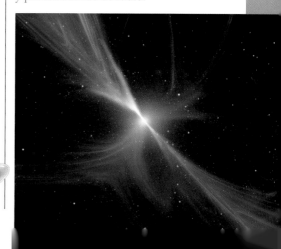

pseudopod
seudópodo

### punctuated equilibrium
Pattern of evolution in which long stable periods are interrupted by brief periods of more rapid change.

### equilibrio puntual
Patrón de la evolución en el que los períodos largos estables son interrumpidos por breves períodos de cambio rápido.

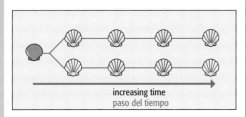

increasing time
paso del tiempo

### Punnett square
A chart that shows all the possible combinations of alleles that can result from a genetic cross.

### cuadrado de Punnett
Tabla que muestra todas las combinaciones posibles de los alelos que se pueden derivar de un cruce genético.

|   | R | r |
|---|---|---|
| R | RR | Rr |
| r | Rr | rr |

### pupa
The third stage of complete metamorphosis, in which a larva develops into an adult insect.

### pupa
Tercera etapa de la metamorfosis completa, en la que la larva se convierte en insecto adulto.

### pupil
The opening in the center of the iris through which light enters the inside of the eye.

### pupila
Apertura en el centro del iris por donde entra la luz al ojo.

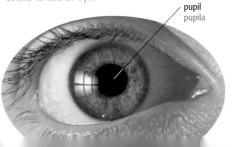

pupil
pupila

### purebred
An offspring of many generations that have the same form of a trait.

### raza pura
Descendiente de varias generaciones que tienen los mismos rasgos.

### pyroclastic flow
The flow of ash, cinders, bombs, and gases down the side of a volcano during an explosive eruption.

### flujo piroclástico
Flujo de ceniza, escoria, bombas y gases que corre por las laderas de un volcán durante una erupción explosiva.

### qualitative observation
An observation that deals with characteristics that cannot be expressed in numbers.

### observación cualitativa
Observación que se centra en las características que no se pueden expresar con números.

### quantitative observation
An observation that deals with a number or amount.

### observación cuantitativa
Observación que se centra en un número o cantidad.

### quasar
An enormously bright, distant galaxy with a giant black hole at its center.

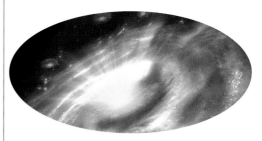

### quásar
Galaxia extraordinariamente luminosa y distante con un agujero negro gigante en el centro.

### radar
A system that uses reflected radio waves to detect objects and measure their distance and speed.

### radar
Sistema que usa ondas de radio reflejadas para detectar cuerpos y medir su distancia y velocidad.

### radial symmetry
A body plan in which any number of imaginary lines that all pass through a central point divide the animal into two mirror images.

### simetría radiada
Esquema del cuerpo en el que cualquier número de líneas imaginarias que atraviesan un punto central dividen a un animal en dos partes que son el reflejo la una de la otra.

### radiation
The transfer of energy by electromagnetic waves.

### radiación
Transferencia de energía por medio de ondas magnéticas.

### radiation zone
A region of very tightly packed gas in the sun's interior where energy is transferred mainly in the form of electromagnetic radiation.

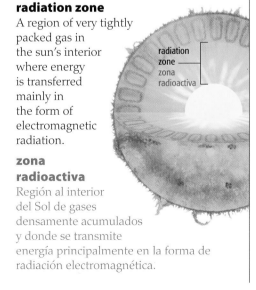

radiation zone
zona radioactiva

### zona radioactiva
Región al interior del Sol de gases densamente acumulados y donde se transmite energía principalmente en la forma de radiación electromagnética.

### radio telescope
A device used to detect radio waves from objects in space.

### radiotelescopio
Aparato usado para detectar ondas de radio de los cuerpos en el espacio.

### radio waves
Electromagnetic waves with the longest wavelengths and lowest frequencies.

### ondas de radio
Ondas electromagnéticas con las longitudes de onda más largas y las frecuencias más bajas.

### radioactive dating
The process of determining the age of an object using the half-life of one or more radioactive isotopes.

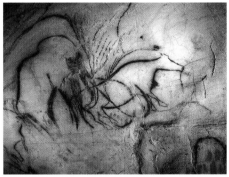

### datación radiactiva
Proceso para determinar la edad de un objeto usando la vida media de uno o más isótopos radiactivos.

### radioactive decay
The process in which the nuclei of radioactive elements break down, releasing fast-moving particles and energy.

### desintegración radiactiva
Proceso de descomposición del núcleo de un elemento radiactivo que libera partículas de movimiento rápido y energía.

### radioactivity
The spontaneous emission of radiation by an unstable atomic nucleus.

### radiactividad
Emisión espontánea de radiación por un núcleo atómico inestable.

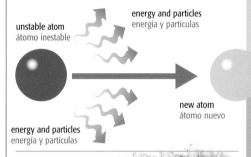

unstable atom
átomo inestable

energy and particles
energía y partículas

new atom
átomo nuevo

energy and particles
energía y partículas

### radon
A colorless, odorless, radioactive gas.

### radón
Gas radioactivo que no tiene color ni olor.

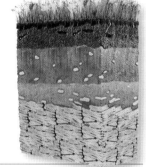

### radula
A flexible ribbon of tiny teeth in mollusks.

### rádula
Hilera flexible de minúsculos dientes de los moluscos.

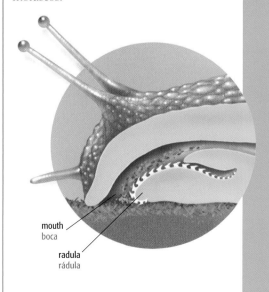

mouth
boca

radula
rádula

## rain forest

A forest that receives at least 2 meters of rain per year, mostly occurring in the tropical wet climate zone.

## selva tropical

Bosque donde caen al menos 2 metros de lluvia al año, principalmente en la zona climática tropical húmeda.

## rain gauge

An instrument used to measure precipitation.

## pluviómetro

Instrumento que se usa para medir la precipitación.

## range

The difference between the greatest value and the least value in a set of data.

## rango

Diferencia entre el mayor y el menor valor de un conjunto de datos.

| Nest | Number of Eggs |
|------|----------------|
| A | 110 |
| B | 102 |
| C | 94 |
| D | 110 |
| E | 107 |
| F | 110 |

## rarefaction

The part of a longitudinal wave where the particles of the medium are far apart.

## rarefacción

Parte de una onda longitudinal donde las partículas del medio están muy apartadas entre sí.

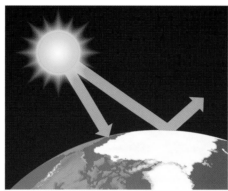

## ray

A straight line used to represent a light wave.

## rayo

Línea recta que se usa para representar una onda de luz.

## reactant

A substance that enters into a chemical reaction.

## reactante

Sustancia que interviene en una reacción química.

## reactivity

The ease and speed with which an element combines, or reacts, with other elements and compounds.

## reactividad

Facilidad y rapidez con las que un elemento se combina, o reacciona, con otros elementos y compuestos.

## reactor vessel

The part of a nuclear reactor in which nuclear fission occurs.

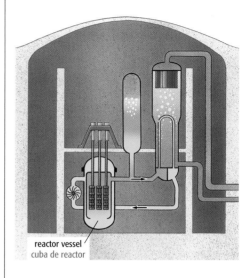

reactor vessel
cuba de reactor

## cuba de reactor

Parte de un reactor nuclear donde ocurre la fisión.

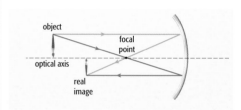

## real image

An upside-down image formed where rays of light meet.

## imagen real

Imagen invertida formada en el punto de encuentro de los rayos de luz.

## recessive allele

An allele that is hidden whenever the dominant allele is present.

## alelo recesivo

Alelo que se no manifiesta cuando el alelo dominante está presente.

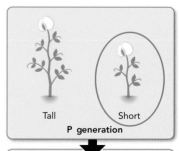

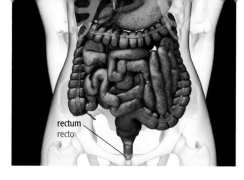

rectum
recto

## rectum
A short tube at the end of the large intestine where waste material is compressed into a solid form before being eliminated.

### recto
Conducto corto al final del intestino grueso, donde el material de desecho se comprime hasta formar un sólido que será eliminado.

## recycling
The process of reclaiming and reusing raw materials.

### reciclaje
Proceso de recuperar y volver a usar materias primas.

## red blood cell
A cell in the blood that takes up oxygen in the lungs and delivers it to cells throughout the body.

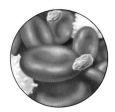

### glóbulo rojo
Célula sanguínea que capta el oxígeno de los pulmones y lo lleva a las células de todo el cuerpo.

## reference point
A place or object used for comparison to determine if an object is in motion.

### punto de referencia
Lugar u objeto usado como medio de comparación para determinar si un objeto está en movimiento.

## refinery
A factory in which crude oil is heated and separated into fuels and other products.

### refinería
Planta en la que el petróleo crudo se calienta y fracciona en combustibles y otros productos.

## reflecting telescope
A telescope that uses a curved mirror to collect and focus light.

### telescopio de reflexión
Telescopio que usa un espejo curvado para captar y enfocar la luz.

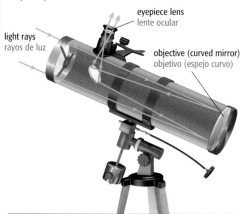

eyepiece lens
lente ocular

light rays
rayos de luz

objective (curved mirror)
objetivo (espejo curvo)

## reflection
The bouncing back of an object or a wave when it hits a surface through which it cannot pass.

### reflexión
Rebote de un cuerpo o una onda al golpear una superficie que no puede atravesar.

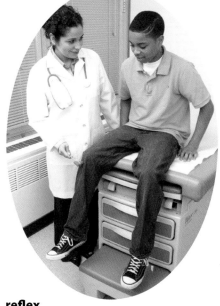

## reflex
An automatic response that occurs rapidly and without conscious control.

### reflejo
Respuesta automática que ocurre rápida e involuntariamente.

## refracting telescope
A telescope that uses convex lenses to gather and focus light.

### telescopio de refracción
Telescopio que usa lentes convexas para captar y enfocar la luz.

light rays
rayos de luz

objective lens
lente del objetivo

eyepiece lens
lente ocular

## refraction
The bending of waves as they enter a new medium at an angle, caused by a change in speed.

### refracción
Cambio de dirección de las ondas al entrar en un nuevo medio con un determinado ángulo, y a consecuencia de un cambio de velocidad.

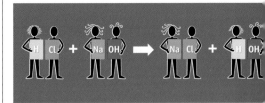

Elevation (m) — 2,000 / 1,500 / 1,000 / 500 / 0

Lemhi Pass · Westward route of Lewis and Clark

Finish: Fort Clatsop

Start: St. Louis

Pacific Ocean · Columbia River · Missouri River

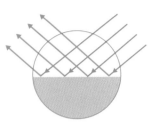

### regular reflection
Reflection that occurs when parallel rays of light hit a smooth surface and all reflect at the same angle.

### reflexión regular
Reflexión que ocurre cuando rayos de luz paralelos chocan contra una superficie lisa y se reflejan en el mismo ángulo.

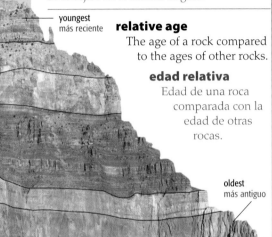

youngest / más reciente

### relative age
The age of a rock compared to the ages of other rocks.

### edad relativa
Edad de una roca comparada con la edad de otras rocas.

oldest / más antiguo

### relative humidity
The percentage of water vapor in the air compared to the maximum amount of water vapor that air can contain at a particular temperature.

### humedad relativa
Porcentaje de vapor de agua del aire comparado con la cantidad máxima de vapor de agua que puede contener el aire a una temperatura particular.

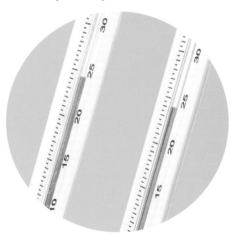

### relief
The difference in elevation between the highest and lowest parts of an area.

### relieve
Diferencia de elevación entre las partes más altas y más bajas de un área.

### remote sensing
The collection of information about Earth and other objects in space using satellites or probes.

### percepción remota
Recolección de información sobre la Tierra y otros cuerpos del espacio usando satélites o sondas.

### renewable resource
A resource that is either always available or is naturally replaced in a relatively short time.

### recurso renovable
Recurso que está siempre disponible o que es restituido de manera natural en un período relativamente corto.

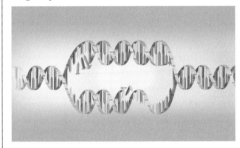

### replacement
A reaction in which one element replaces another in a compound or when two elements in different compounds trade places.

### sustitución
Reacción en la que un elemento reemplaza a otro en un compuesto o en la que se intercambian dos elementos de diferentes compuestos.

### replication
1. The process by which a cell makes a copy of the DNA in its nucleus before cell division. 2. An attempt to repeat a scientist's experiment by a different scientist or group of scientists.

### replicación
1. Proceso en el que la célula copia el ADN de su núcleo antes de la división celular. 2. Intento, por parte de un científico o grupo de científicos, de repetir el experimento de otro científico.

### reptile
A vertebrate whose temperature is determined by the temperature of its environment, that has lungs and scaly skin, and that lays eggs on land.

### reptil
Vertebrado cuya temperatura corporal es determinada por la temperatura de su medio ambiente, que tiene pulmones y piel escamosa y que pone huevos en la tierra.

## reservoir
A lake that stores water for human use.

## embalse
Lago que almacena agua para el uso humano.

## resistance
The measurement of how difficult it is for charges to flow through an object.

## resistencia
Medida de la dificultad de una carga eléctrica para fluir por un cuerpo.

## resonance
The increase in the amplitude of a vibration that occurs when external vibrations match an object's natural frequency.

## resonancia
Aumento en la amplitud de vibración que ocurre cuando vibraciones externas corresponden con la frecuencia natural de un cuerpo.

## respiratory system
An organ system that enables organisms to exchange gases with their surroundings.

## sistema respiratorio
Sistema de órganos que permite al organismo intercambiar gases con su entorno.

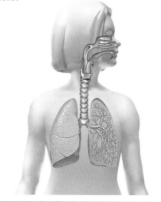

## responding variable
The factor that changes as a result of changes to the manipulated, or independent, variable in an experiment; also called dependent variable.

**Number of Chirps per Minute**

| Cricket | 15°C | 20°C | 25°C |
|---------|------|------|------|
| 1 | 91 | 135 | 180 |
| 2 | 80 | 124 | 169 |
| 3 | 89 | 130 | 176 |
| 4 | 78 | 125 | 158 |
| 5 | 77 | 121 | 157 |
| Average | | 127 | 168 |

## variable de respuesta
Factor que cambia como resultado del cambio de la variable manipulada, o independiente, en un experimento; también llamada variable dependiente.

## response
An action or change in behavior that occurs as a result of a stimulus.

## respuesta
Acción o cambio del comportamiento que ocurre como resultado de un estímulo.

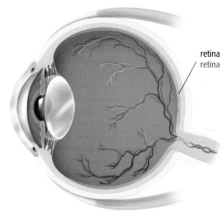

retina
retina

## retina
The layer of receptor cells at the back of the eye on which an image is focused.

## retina
Capa de células receptoras de la parte posterior del ojo donde se enfoca una imagen.

## reverse fault
A type of fault where the hanging wall slides upward; caused by compression in the crust.

## falla inversa
Tipo de falla en la cual el labio superior se desliza hacia arriba como resultado de compresión de la corteza.

## revolution
The movement of an object around another object.

## revolución
Movimiento de un cuerpo alrededor de otro.

### rhizoid
A thin, rootlike structure that anchors a moss and absorbs water and nutrients for the plant.

### rizoide
Estructura fina parecida a una raíz que sujeta un musgo al suelo, y que absorbe el agua y los nutrientes para la planta.

rhizoid
rizoide

### ribosome
A small grain-shaped organelle in the cytoplasm of a cell that produces proteins.

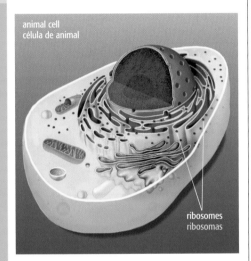

animal cell
célula de animal

ribosomes
ribosomas

### ribosoma
Orgánulo pequeño con forma de grano en el citoplasma de una célula que produce proteínas.

### Richter scale
A scale that rates an earthquake's magnitude based on the size of its seismic waves.

### escala de Richter
Escala con la que se mide la magnitud de un terremoto según el tamaño de sus ondas sísmicas.

### rift valley
A deep valley that forms where two plates move apart.

### valle de fisura
Valle profundo que se forma cuando dos placas se separan.

### rill
A tiny groove in soil made by flowing water.

### arroyo
Pequeño surco en el suelo causado por el paso del agua.

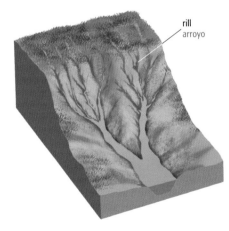

rill
arroyo

### ring
A thin disk of small ice and rock particles surrounding a planet.

### anillo
Disco fino de pequeñas partículas de hielo y roca que rodea un planeta.

### Ring of Fire
A major belt of volcanoes that rims the Pacific Ocean.

### Cinturón de Fuego
Gran cadena de volcanes que rodea el océano Pacífico.

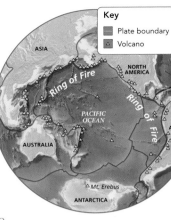

### rip current
A strong, narrow current that flows briefly from the shore back toward the ocean through a narrow opening.

### corriente de resaca
Corriente fuerte que fluye por un canal estrecho desde la costa hacia el mar abierto.

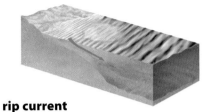

### risk-benefit analysis
The process of evaluating the possible problems of a technology compared to the expected advantages.

### análisis de riesgo y beneficios
Proceso por el cual se evalúan los posibles problemas de una tecnología y se compara con las ventajas deseadas.

### rock cycle
A series of processes on the surface and inside Earth that slowly changes rocks from one kind to another.

### ciclo de la roca
Serie de procesos en la superficie y dentro de la Tierra por medio del cual un tipo de roca se convierte lentamente en otro tipo.

## rocket

A device that expels gas in one direction to move in the opposite direction.

### cohete

Aparato que expulsa gases en una dirección para moverse en la dirección opuesta.

## rock-forming mineral

Any of the common minerals that make up most of the rocks of Earth's crust.

### minerales formadores de rocas

Uno de los minerales comunes de los que están compuestas la mayoría de las rocas de la corteza de la Tierra.

mica
mica

quartz
cuarzo

feldspar
feldespato

## rods

Cells in the retina that detect dim light.

### bastones

Células de la retina que detectan la luz tenue.

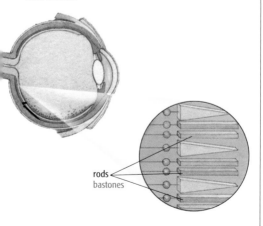

rods
bastones

## rolling friction

Friction that occurs when an object rolls over a surface.

### fricción de rodamiento

Fricción que ocurre cuando un cuerpo rueda sobre una superficie.

## root cap

A structure that covers the tip of a root, protecting the root from injury as the root grows through soil.

### cofia

Estructura que cubre la punta de una raíz y la protege de cualquier daño mientras crece en la tierra.

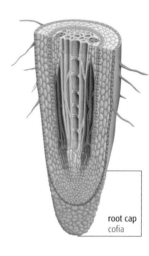

root cap
cofia

## rotation

The spinning motion of a planet on its axis.

### rotación

Movimiento giratorio de un planeta sobre su eje.

## rover

A small robotic space probe that can move about the surface of a planet or moon.

### rover

Pequeña sonda espacial robótica que puede desplazarse sobre la superficie de un planeta o sobre la Luna.

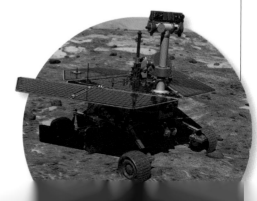

## runoff

Water that flows over the ground surface rather than soaking into the ground.

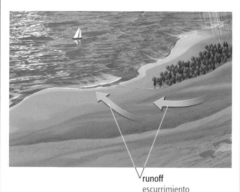

runoff
escurrimiento

### escurrimiento

Agua que fluye sobre la superficie en lugar de ser absorbida por el suelo.

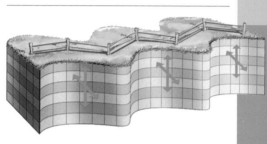

## S wave

A type of seismic wave in which the shaking is perpendicular to the direction of the wave.

### onda S

Tipo de onda sísmica que hace que el suelo se mueva en una dirección perpendicular a la onda.

## safety symbols

A sign used to alert you to possible sources of accidents in an investigation.

### símbolos de seguridad

Señal de alerta sobre elementos que pueden causar accidentes durante una investigación.

## salinity

The total amount of dissolved salts in a water sample.

## salinidad

Cantidad total de sales disueltas en una muestra de agua.

### saliva

The fluid released from glands in the mouth that plays an important role in both mechanical and chemical digestion.

### saliva

Líquido secretado por glándulas en la boca que juega un papel muy importante en la digestión química y mecánica.

## salt

An ionic compound made from the neutralization of an acid with a base.

## sal

Compuesto iónico formado por la neutralización de un ácido con una base.

## sand dune

A deposit of wind-blown sand.

## duna de arena

Depósito de arena arrastrada por el viento.

## sanitary landfill

A landfill that holds nonhazardous waste such as municipal solid waste, construction debris, and some agricultural and industrial wastes.

## relleno sanitario

Vertedero que contiene desechos que no son peligrosos, como desechos sólidos municipales, de construcción y algunos tipos de desechos industriales y resultantes de la agricultura.

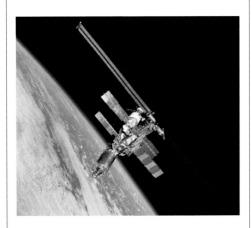

## satellite

1. An object that orbits a planet. 2. Any object that orbits around another object in space.

## satélite

1. Cuerpo que orbita alrededor de un planeta. 2. Cualquier cuerpo que orbita alrededor de otro cuerpo en el espacio.

## satellite image

A picture of the land surface based on computer data collected from satellites.

## imagen satelital

Representación visual de la superficie terrestre basada en la colección de datos de un satélite.

## saturated solution

A mixture that contains as much dissolved solute as is possible at a given temperature.

## solución saturada

Mezcla que contiene la mayor cantidad posible de soluto disuelto a una temperatura determinada.

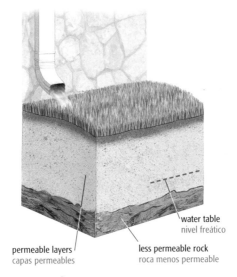

permeable layers
capas permeables

water table
nivel freático

less permeable rock
roca menos permeable

## saturated zone

The area of permeable rock or soil in which the cracks and pores are totally filled with water.

## zona saturada

Área de roca o suelo permeable cuyas grietas y poros están totalmente llenos de agua.

## savanna

A grassland located close to the equator that may include shrubs and small trees and receives as much as 120 centimeters of rain per year.

## sabana

Pradera que puede tener arbustos y árboles pequeños, ubicada cerca del ecuador y donde pueden caer hasta 120 centímetros de lluvia al año.

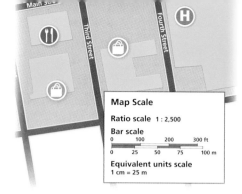

## scale
Used to relate distance on a map or globe to distance on Earth's surface.

### escala
Se usa para relacionar la distancia de un mapa o globo terráqueo con la distancia de la superficie de la Tierra.

## scattering
Reflection of light in all directions.

### dispersión
Reflexión de la luz en todas las direcciones.

## scavenger
A carnivore that feeds on the bodies of dead or decaying organisms.

### carroñero
Carnívoro que se alimenta de los restos de organismos muertos o en descomposición.

## science
A way of learning about the natural world through observations and logical reasoning; leads to a body of knowledge.

### ciencia
Estudio del mundo natural a través de observaciones y del razonamiento lógico; conduce a un conjunto de conocimientos.

## scientific inquiry
The ongoing process of discovery in science; the diverse ways in which scientists study the natural world and propose explanations based on evidence they gather.

### indagación científica
Proceso continuo de descubrimiento en la ciencia; diversidad de métodos con los que los científicos estudian el mundo natural y proponen explicaciones del mismo basadas en la evidencia que reúnen.

## scientific law
A statement that describes what scientists expect to happen every time under a particular set of conditions.

### ley científica
Enunciado que describe lo que los científicos esperan que suceda cada vez que se da una serie de condiciones determinadas.

## scientific literacy
The knowledge and understanding of scientific terms and principles required for evaluating information, making personal decisions, and taking part in public affairs.

### conocimiento científico
Conocimiento y comprensión de los términos y principios científicos necesarios para evaluar información, tomar decisiones personales y participar en actividades públicas.

## scientific notation
A mathematical method of writing numbers using powers of ten.

### notación científica
Método matemático de escritura de números que usa la potencia de diez.

## scientific theory
A well-tested explanation for a wide range of observations or experimental results.

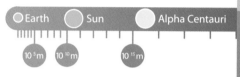

### teoría científica
Explicación comprobada de una gran variedad de observaciones o resultados de experimentos.

## screw
A simple machine that is an inclined plane wrapped around a central cylinder to form a spiral.

### tornillo
Máquina simple que consiste en un plano inclinado enrollado alrededor de un cilindro central para formar una espiral.

### scrotum
An external pouch of skin in which the testes are located.

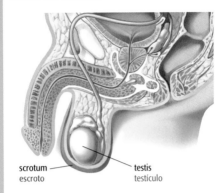

scrotum
escroto

testis
testículo

### escroto
Bolsa de piel externa en donde se encuentran los testículos.

warm air
aire cálido

cool air
aire fresco

### sea breeze
The flow of cooler air from over an ocean or lake toward land.

### brisa marina
Flujo de aire frío procedente de un océano o lago hacia la costa.

### sea-floor spreading
The process by which molten material adds new oceanic crust to the ocean floor.

### despliegue del suelo oceánico
Proceso mediante el cual la materia fundida añade nueva corteza oceánica al suelo oceánico.

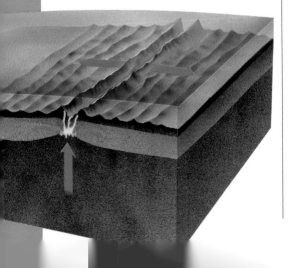

### seamount
A steep-sided volcanic mountain rising from the deep-ocean floor.

### montaña marina
Montaña muy inclinada de origen volcánico cuya base es el fondo del mar.

### secondary color
Any color produced by combining equal amounts of any two primary colors.

### color secundario
Color producido al combinar iguales cantidades de dos colores primarios cualesquiera.

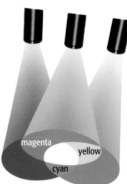

magenta
yellow
cyan

### secondary succession
The series of changes that occur in an area where the ecosystem has been disturbed, but where soil and organisms still exist.

### sucesión secundaria
Serie de cambios que ocurren en un área después de la perturbación de un ecosistema, pero donde todavía hay suelo y organismos.

### sediment
Small, solid pieces of material that come from rocks or the remains of organisms; earth materials deposited by erosion.

### sedimento
Trozos pequeños y sólidos de materiales que provienen de las rocas o de los restos de organismos; materiales terrestres depositados por la erosión.

### sedimentary rock
A type of rock that forms when particles from other rocks or the remains of plants and animals are pressed and cemented together.

### roca sedimentaria
Tipo de roca que se forma a partir de la compactación y unión de partículas de otras rocas o restos de plantas y animales.

### seed
The plant structure that contains a young plant and a food supply inside a protective covering.

### semilla
Estructura vegetal que contiene una planta joven y una fuente alimenticia encerradas en una cubierta protectora.

### seismic wave
Vibrations that travel through Earth carrying the energy released during an earthquake.

earthquake
terremoto

path of seismic waves
trayectoria de las ondas sísmicas

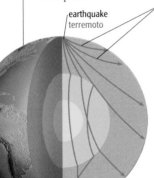

### ondas sísmicas
Vibraciones que se desplazan por la Tierra, y que llevan la energía liberada durante un terremoto.

### seismogram
The record of an earthquake's seismic waves produced by a seismograph.

### sismograma
Registro producido por un sismógrafo de las ondas sísmicas de un terremoto.

### seismograph
A device that records ground movements caused by seismic waves as they move through Earth.

### sismógrafo
Aparato con el que se registran los movimientos del suelo ocasionados por las ondas sísmicas a medida que éstas se desplazan por la Tierra.

### selective breeding
Method of breeding that allows only those organisms with desired traits to produce the next generation.

### cruce selectivo
Técnica reproductiva por medio de la cual sólo los organismos con rasgos deseados producen la próxima generación.

### selective cutting
The process of cutting down only some tree species in an area.

### tala selectiva
Proceso que consiste en cortar solo algunas especies de árboles de un área.

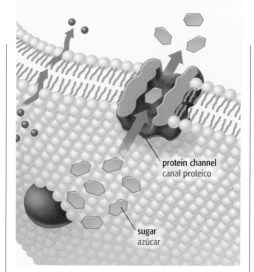

protein channel
canal proteico

sugar
azúcar

### selectively permeable
A property of cell membranes that allows some substances to pass across it, while others cannot.

### permeabilidad selectiva
Propiedad de las membranas celulares que permite el paso de algunas sustancias y no de otras.

### semen
A mixture of sperm and fluids.

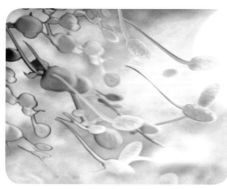

### semen
Mezcla de espermatozoides y fluidos.

### semicircular canals
Structures in the inner ear that are responsible for the sense of balance.

### canales semicirculares
Estructuras del oído interno responsables por el sentido del equilibrio.

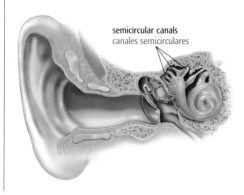

semicircular canals
canales semicirculares

### semiconductor
A substance that can conduct electric current under some conditions.

### semiconductor
Sustancia que puede conducir una corriente eléctrica bajo ciertas condiciones.

### sensory neuron
A neuron that picks up stimuli from the internal or external environment and converts each stimulus into a nerve impulse.

### neurona sensorial
Neurona que recoge los estímulos del medio ambiente interno o externo y convierte a cada estímulo en un impulso nervioso.

### sepal
A leaflike structure that encloses and protects the bud of a flower.

### sépalo
Estructura similar a una hoja que encierra y protege el capullo de una flor.

sepal
sépalo

## series circuit
An electric circuit in which all parts are connected one after another along one path.

## circuito en serie
Circuito eléctrico en el que todas las partes se conectan una tras otra en una trayectoria.

## sewage
The water and human wastes that are washed down sinks, toilets, and showers.

## aguas residuales
Agua y desechos humanos que son desechados por lavamanos, servicios sanitarios y duchas.

## sex chromosomes
A pair of chromosomes carrying genes that determine whether a person is male or female.

## cromosomas sexuales
Par de cromosomas portadores de genes que determinan el sexo (masculino o femenino) de una persona.

## sex-linked gene
A gene that is carried on a sex (X or Y) chromosome.

y chromosome
cromosoma y

x chromosome
cromosoma x

## gen ligado al sexo
Gen de un cromosoma sexual (X o Y).

## sexual reproduction
A reproductive process that involves two parents that combine their genetic material to produce a new organism which differs from both parents.

## reproducción sexual
Proceso de reproducción que involucra a dos reproductores que combinan su material genético para producir un nuevo organismo que es distinto a los dos reproductores.

## shared derived characteristic
A characteristic or trait, such as fur, that the common ancestor of a group had and passed on to its descendants.

## característica derivada compartida
Característica o rasgo, como el pelaje, del ancestro común de un grupo que éste pasa a sus descendientes.

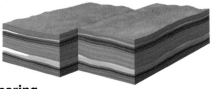

## shearing
Stress that pushes masses of rock in opposite directions, in a sideways movement.

## cizallamiento
Fuerza que presiona masas de roca en sentidos opuestos, de lado a lado.

## shield volcano
A wide, gently sloping mountain made of layers of lava and formed by quiet eruptions.

## volcán en escudo
Montaña ancha de pendientes suaves, compuesta por capas de lava y formada durante erupciones que no son violentas.

## short circuit
A connection that allows current to take the path of least resistance.

## cortocircuito
Conexión que permite que la corriente siga el camino de menor resistencia.

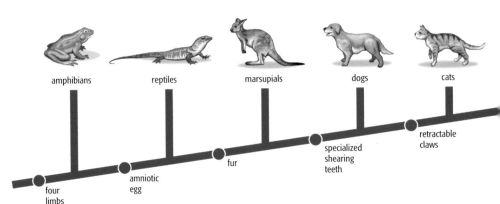

amphibians    reptiles    marsupials    dogs    cats

four limbs    amniotic egg    fur    specialized shearing teeth    retractable claws

### short-day plant
A plant that flowers when the nights are longer than the plant's critical night length.

### planta de día corto
Planta que florece cuando la duración de la noche es más larga que la duración crítica.

midnight
medianoche

noon
mediodía

chrysanthemums
crisantemos

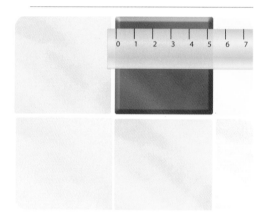

### significant figures
All the digits in a measurement that have been measured exactly, plus one digit whose value has been estimated.

### cifras significativas
En una medida, todos los dígitos que se han medido con exactitud, más un dígito cuyo valor se ha estimado.

### silica
A material found in magma that is formed from the elements oxygen and silicon; it is the primary substance of Earth's crust and mantle.

### sílice
Material presente en el magma, compuesto por los elementos oxígeno y silicio; es el componente más común de la corteza y el manto de la Tierra.

### sill
A slab of volcanic rock formed when magma squeezes between layers of rock.

### dique concordante
Placa de roca volcánica formada cuando el magma queda comprimido entre capas de roca.

### simple machine
The most basic device for making work easier, these are the smaller building blocks for complex machines.

### máquina simple
Aparatos sencillos que facilitan el trabajo; son los componentes de las máquinas compuestas.

### skeletal muscle
A muscle that is attached to the bones of the skeleton and provides the force that moves the bones; also called striated muscle.

### músculo esquelético
Músculo que está conectado a los huesos del esqueleto y que proporciona la fuerza que mueve los huesos; llamado también músculo estriado.

### skeleton
1. The inner framework made up of all the bones of the body. 2. A framework that shapes and supports an animal, protects its internal organs, and allows it to move in its environment.

### esqueleto
1. Estructura interna compuesta de todos los huesos del cuerpo.
2. Estructura que da forma y soporte a un animal, protege sus órganos internos y le permite moverse en su medio ambiente.

### skepticism
An attitude of doubt.

### escepticismo
Actitud de duda.

### sliding friction
Friction that occurs when one solid surface slides over another.

### fricción de deslizamiento
Fricción que ocurre cuando una superficie sólida se desliza sobre otra.

### slope
The steepness of a graph line; the ratio of the vertical change (the rise) to the horizontal change (the run).

### pendiente
Inclinación de una gráfica lineal; la razón del cambio vertical (el ascenso) al cambio horizontal (el avance).

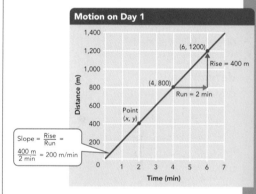

Motion on Day 1

Slope $= \dfrac{\text{Rise}}{\text{Run}} =$
$\dfrac{400 \text{ m}}{2 \text{ min}} = 200$ m/min

(6, 1200)

Rise = 400 m

(4, 800)

Run = 2 min

Point (x, y)

### small intestine
The part of the digestive system in which most chemical digestion takes place.

### intestino delgado
Parte del sistema digestivo en la que ocurre la mayoría de la digestión química.

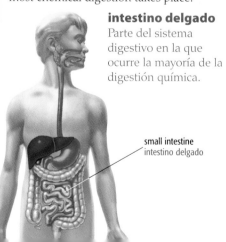

small intestine
intestino delgado

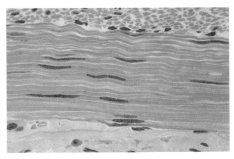

**smooth muscle**
Involuntary muscle found inside many internal organs of the body.

**músculo liso**
Músculo involuntario que se halla dentro de muchos órganos internos del cuerpo.

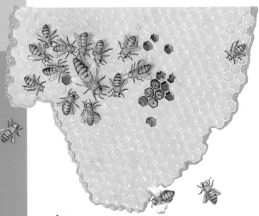

**society**
A group of closely related animals of the same species that work together in a highly organized way for the benefit of the group.

**sociedad**
Grupo de animales de la misma especie y estrechamente vinculados que trabajan conjuntamente de manera organizada para el beneficio del grupo.

**soil**
The loose, weathered material on Earth's surface in which plants can grow.

**suelo**
Material suelto y desgastado de la superficie terrestre donde crecen las plantas.

**soil conservation**
The management of soil to limit its destruction.

**conservación del suelo**
Cuidado del suelo para limitar su destrucción.

**soil horizon**
A layer of soil that differs in color and texture from the layers above or below it.

**horizonte de suelo**
Capa de suelo de color y textura diferentes a las capas que tiene encima o abajo.

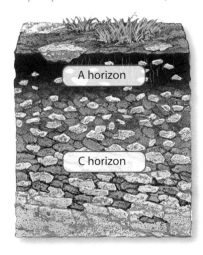

A horizon

C horizon

**solar eclipse**
The blocking of sunlight to Earth that occurs when the moon is directly between the sun and Earth.

**eclipse solar**
Bloqueo de la luz solar que ilumina la Tierra que ocurre cuando la Luna se interpone entre el Sol y la Tierra.

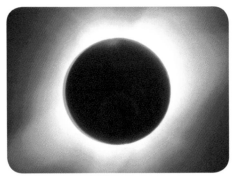

**solar energy**
Energy from the sun.

**energía solar**
Energía del Sol.

**solar flare**
An eruption of gas from the sun's surface that occurs when the loops in sunspot regions suddenly connect.

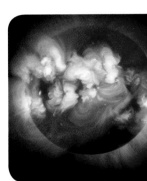

**destello solar**
Erupción de los gases de la superficie solar que ocurre cuando las burbujas de las manchas solares se conectan repentinamente.

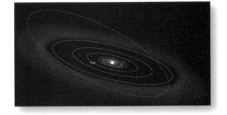

**solar system**
The system consisting of the sun and the planets and other objects that revolve around it.

**sistema solar**
Sistema formado por el Sol, los planetas y otros cuerpos que giran alrededor de él.

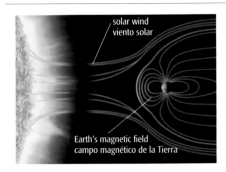

solar wind
viento solar

Earth's magnetic field
campo magnético de la Tierra

**solar wind**
A stream of electrically charged particles that emanate from the sun's corona.

**viento solar**
Flujo de partículas cargadas que emanan de la corona del Sol.

### solenoid
A coil of wire with a current.

### solenoide
Bobina de alambre con una corriente.

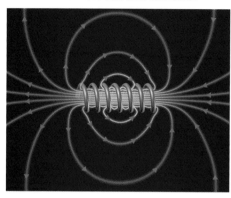

### solid
A state of matter that has a definite shape and a definite volume.

### sólido
Estado en el que la materia tiene forma y volumen definidos.

### solstice
Either of the two days of the year on which the sun reaches its greatest distance north or south of the equator.

### solsticio
Uno de los dos días del año en el que el Sol alcanza la mayor distancia al norte o al sur del ecuador.

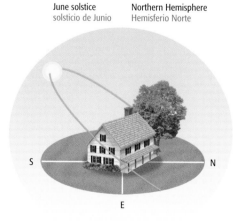

| June solstice | Northern Hemisphere |
| solsticio de Junio | Hemisferio Norte |

S — N

E

### solubility
A measure of how much solute can dissolve in a given solvent at a given temperature.

### solubilidad
Medida de cuánto soluto se puede disolver en un solvente a una temperatura dada.

### solute
The part of a solution that is dissolved by a solvent.

### soluto
Parte de una solución que se disuelve en un solvente.

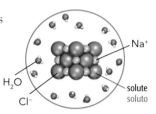

Na⁺

H₂O

Cl⁻

solute
soluto

### solution
A mixture containing a solvent and at least one solute that has the same properties throughout; a mixture in which one substance is dissolved in another.

### solución
Mezcla que contiene un solvente y al menos un soluto, y que tiene propiedades uniformes; mezcla en la que una sustancia se disuelve en otra.

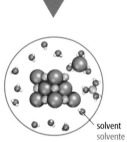

solvent
solvente

solution
solución

### solvent
The part of a solution that is usually present in the largest amount and dissolves a solute.

### solvente
Parte de una solución que, por lo general, está presente en la mayor cantidad y que disuelve a un soluto.

### somatic nervous system
The group of nerves in the peripheral nervous system that controls voluntary actions.

### sistema nervioso somático
Grupo de nervios del sistema nervioso periférico que controla las acciones voluntarias.

### sonar
A system that uses reflected sound waves to locate and determine the distance to objects under water.

### sónar
Sistema que usa ondas sonoras reflejadas para detectar y localizar objetos bajo agua.

### sonogram
An image formed using reflected ultrasound waves.

### sonograma
Formación de una imagen usando ondas de ultrasonido reflejadas.

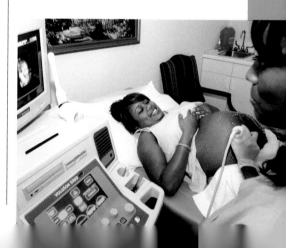

### space probe
A spacecraft that has various scientific instruments that can collect data, including visual images, but has no human crew.

### sonda espacial
Nave espacial que tiene varios instrumentos científicos que pueden reunir datos e imágenes, pero que no tiene una tripulación.

### space shuttle
A spacecraft that can carry a crew into space, return to Earth, and then be reused for the same purpose.

### transbordador espacial
Nave espacial que puede llevar a una tripulación al espacio, volver a la Tierra, y luego volver a ser usada para el mismo propósito.

### space spinoff
An item that has uses on Earth but was originally developed for use in space.

### derivación espacial
Objeto que se puede usar en la Tierra, pero que originalmente se construyó para ser usado en el espacio.

### space station
A large artificial satellite on which people can live and work for long periods.

### estación espacial
Enorme satélite artificial en el que la gente puede vivir y trabajar durante largos períodos.

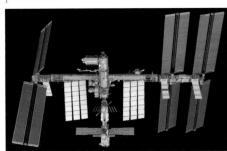

### species
A group of similar organisms that can mate with each other and produce offspring that can also mate and reproduce.

### especie
Grupo de organismos semejantes que pueden cruzarse y producir descendencia fértil.

| Material | Specific Heat (J/(kg·K)) |
|----------|-------------------------|
| Copper | 385 |
| Water | 4,180 |
| Glass | 837 |
| Silver | 235 |
| Iron | 450 |

### specific heat
The amount of heat required to raise the temperature of 1 kilogram of a material by 1 kelvin, which is equivalent to 1°C.

### calor específico
Cantidad de calor que se requiere para elevar la temperatura de 1 kilogramo de un material en 1 °C.

### spectrograph
An instrument that separates light into colors and makes an image of the resulting spectrum.

hydrogen

helium

sodium

calcium

### espectrógrafo
Instrumento que separa la luz en colores y crea una imagen del espectro resultante.

### spectrum
The range of wavelengths of electromagnetic waves.

### espectro
Gama de las longitudes de ondas electromagnéticas.

| radio | infared | visible light | ultraviolet | X-rays | gamma |
| radio | infrarrojos | luz visible | ultravioleta | rayos X | gamma |

### speed
The distance an object travels per unit of time.

### rapidez
Distancia que viaja un objeto por unidad de tiempo.

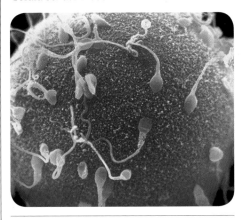

### sperm
A male sex cell.

### espermatozoide
Célula sexual masculina.

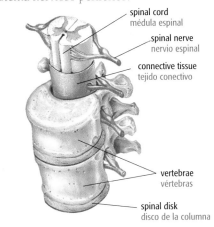

### spinal cord
The thick column of nervous tissue that links the brain to most of the nerves in the peripheral nervous system.

### médula espinal
Columna gruesa de tejido nervioso que une al encéfalo con la mayoría de los nervios del sistema nervioso periférico.

spinal cord
médula espinal

spinal nerve
nervio espinal

connective tissue
tejido conectivo

vertebrae
vértebras

spinal disk
disco de la columna

## spiral galaxy
A galaxy with a bulge in the middle and arms that spiral outward in a pinwheel pattern.

### galaxia espiral
Galaxia con una protuberancia en el centro y brazos que giran en espiral hacia el exterior, como un remolino.

spit
banco de arena

longshore drift
deriva litoral

## spit
A beach formed by longshore drift that projects like a finger out into the water.

### banco de arena
Playa formada por la deriva litoral, que se proyecta como un dedo dentro del agua.

## spongy bone
Layer of bone tissue that has many small spaces and is found just inside the layer of compact bone.

### hueso esponjoso
Capa de tejido óseo que tiene muchos orificios pequeños y que se encuentra próxima a la capa de hueso compacto.

## spontaneous generation
The mistaken idea that living things arise from nonliving sources.

### generación espontánea
Idea equivocada de que los seres vivos surgen de fuentes inertes.

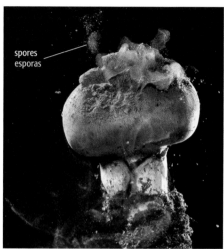

spores
esporas

## spore
In bacteria, protists, and fungi, a thick-walled, tiny cell capable of surviving unfavorable conditions and then growing into a new organism.

### espora
En las bacterias, los protistas y los hongos, una minúscula célula de paredes gruesas capaz de sobrevivir condiciones desfavorables y crecer hasta convertirse en un organismo.

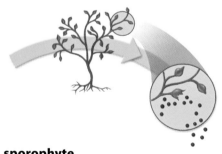

## sporophyte
The stage in the life cycle of a plant in which the plant produces spores.

### esporofito
Etapa del ciclo vital de una planta en la que produce esporas.

## spring tide
The tide with the greatest difference between consecutive low and high tides.

### marea viva
Marea con la mayor diferencia entre las mareas altas y bajas consecutivas.

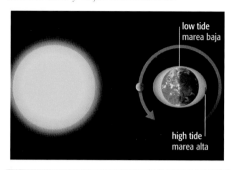

low tide
marea baja

high tide
marea alta

## stalactite
An icicle-like structure that hangs from the ceiling of a cavern.

### estalactita
Estructura en forma de carámbano que cuelga del techo de una caverna.

## stalagmite
A columnlike form that grows upward from the floor of a cavern.

### estalagmita
Estructura en forma de columna que crece hacia arriba desde el suelo de una caverna.

## stamen
The male reproductive part of a flower.

### estambre
Parte reproductora masculina de una flor.

stamen
estambre

filament
filamento

anther
antera

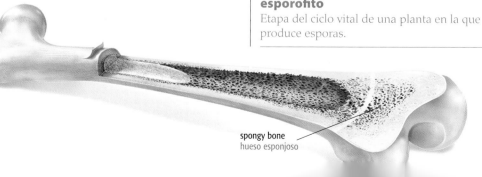

spongy bone
hueso esponjoso

## standing wave

A wave that appears to stand in one place, even though it is two waves interfering as they pass through each other.

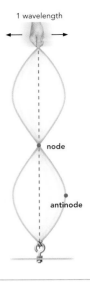

1 wavelength

node

antinode

## onda estacionaria

Onda que parece permanecer en un lugar, y que en realidad es la interferencia de dos ondas que se atraviesan.

## star

A ball of hot gas, primarily hydrogen and helium, that undergoes nuclear fusion.

## estrella

Bola de gases calientes, principalmente hidrógeno y helio, en cuyo interior se produce una fusión nuclear.

## static discharge

The loss of static electricity as electric charges transfer from one object to another.

## descarga estática

Pérdida de la electricidad estática cuando las cargas eléctricas se transfieren de un cuerpo a otro.

## static electricity

A buildup of charges on an object.

## electricidad estática

Acumulación de cargas eléctricas en un cuerpo.

## static friction

Friction that acts between objects that are not moving.

## fricción estática

Fricción que actúa sobre los cuerpos que no están en movimiento.

## steppe

A prairie or grassland found in semiarid regions.

## estepa

Pradera o pastizal que se encuentra en las regiones semiáridas.

## stimulant

A drug that speeds up body processes.

## estimulante

Droga que acelera los procesos del cuerpo.

## stimulus

Any change or signal in the environment that can make an organism react in some way.

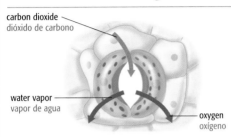

## estímulo

Cualquier cambio o señal del medio ambiente que puede causar una reacción en un organismo.

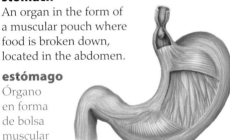

carbon dioxide
dióxido de carbono

water vapor
vapor de agua

oxygen
oxígeno

## stoma

Small opening on the underside of a leaf through which oxygen, water, and carbon dioxide can move (plural: stomata).

## estoma

Pequeña abertura en la superficie inferior de la hoja a través de cual ocurre el intercambio de oxígeno, agua y dióxido de carbono.

## stomach

An organ in the form of a muscular pouch where food is broken down, located in the abdomen.

## estómago

Órgano en forma de bolsa muscular donde se descomponen los alimentos; ubicado en el abdomen.

## storm

A violent disturbance in the atmosphere.

## tormenta

Alteración violenta en la atmósfera.

## storm surge
A "dome" of water that sweeps across the coast where a hurricane lands.

## marejadas
"Cúpula" de agua que se desplaza a lo largo de la costa donde aterriza un huracán.

## stratosphere
The second-lowest layer of Earth's atmosphere.

## estratósfera
Segunda capa de la atmósfera de la Tierra.

## stratus
Clouds that form in flat layers and often cover much of the sky.

## estratos
Nubes que aparecen como capas planas y que a menudo cubren gran parte del cielo.

## streak
The color of a mineral's powder.

## raya
Color del polvo de un mineral.

malachite

hematite

galena

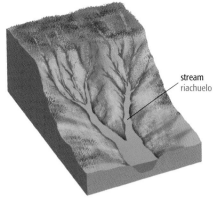

stream
riachuelo

## stream
A channel through which water is continually flowing downhill.

## riachuelo
Canal por el cual el agua fluye continuamente cuesta abajo.

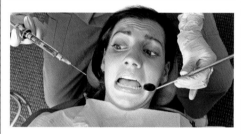

## stress
**1.** A force that acts on rock to change its shape or volume.  **2.** The reaction of a person's body to potentially threatening, challenging, or disturbing events.

## presión
**1.** Fuerza que actúa sobre las rocas y que cambia su forma o volumen.

## estrés
**2.** Reacción del cuerpo de un individuo a sucesos como posibles amenazas, desafíos o trastornos.

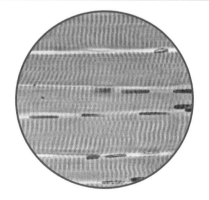

## striated muscle
A muscle that appears banded; also called skeletal muscle.

## músculo estriado
Músculo con forma de franjas; también se llama músculo esquelético.

## strike-slip fault
A type of fault in which rocks on either side move past each other sideways with little up or down motion.

## falla transcurrente
Tipo de falla en la cual las rocas a ambos lados se deslizan horizontalmente en sentidos opuestos, con poco desplazamiento hacia arriba o abajo.

## subarctic
A climate zone that lies north of the humid continental climates.

## subártico
Zona climática situada al norte de las regiones de clima continental húmedo.

## subduction
The process by which oceanic crust sinks beneath a deep-ocean trench and back into the mantle at a convergent plate boundary.

## subducción
Proceso mediante el cual la corteza oceánica se hunde debajo de una fosa oceánica profunda y vuelve al manto por el borde de una placa convergente.

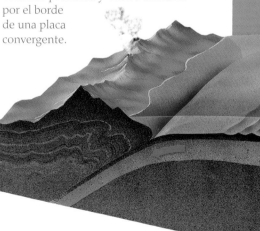

### subjective
Describes the influence of personal feelings on a decision or conclusion.

### subjetivo
Describe la influencia de sentimientos personales sobre una decisión o conclusión.

---

### sublimation
The change in state from a solid directly to a gas without passing through the liquid state.

### sublimación
Cambio del estado sólido directamente a gas, sin pasar por el estado líquido.

---

### subscript
A number in a chemical formula that tells the number of atoms in a molecule or the ratio of elements in a compound.

| Formulas of Familiar Compounds | |
|---|---|
| Compound | Formula |
| Propane | $C_3H_8$ |
| Sugar (sucrose) | $C_{12}H_{22}O_{11}$ |
| Rubbing alcohol | $C_3H_8O$ |
| Ammonia | $NH_3$ |
| Baking soda | $NaHCO_3$ |

### subíndice
Número en una fórmula química que indica el número de átomos que tiene una molécula o la razón de elementos en un compuesto.

---

### subsoil
The layer of soil below topsoil that has less plant and animal matter than topsoil and contains mostly clay and other minerals.

subsoil
subsuelo

### subsuelo
Capa de suelo debajo del suelo superior que tiene menos materia de plantas y animales que el suelo superior, y que principalmente contiene arcilla y otros minerales.

---

### substance
A single kind of matter that is pure and has a specific set of properties.

### sustancia
Tipo único de materia que es pura y tiene propiedades específicas.

### succession
The series of predictable changes that occur in a community over time.

### sucesión
Serie de cambios predecibles que ocurren en una comunidad a través del tiempo.

---

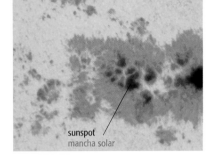

sunspot
mancha solar

### sunspot
1. A dark area of gas on the sun's surface that is cooler than surrounding gases. 2. A relatively dark, cool region on the surface of the sun.

### mancha solar
1. Área gaseosa oscura de la superficie solar, que es más fría que los gases que la rodean. 2. Región relativamente fría y oscura de la superficie solar.

---

### supernova
The brilliant explosion of a dying supergiant star.

### supernova
Explosión brillante de una estrella supergigante en extinción.

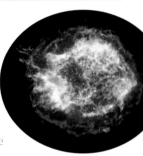

---

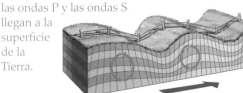

### surface tension
The result of an inward pull among the molecules of a liquid that brings the molecules on the surface closer together; causes the surface to act as if it has a thin skin.

### tensión superficial
Resultado de la atracción hacia el centro entre las moléculas de un líquido, que hace que las moléculas de la superficie se acerquen mucho, y que la superficie actúe como si tuviera una piel delgada.

---

### surface wave
A type of seismic wave that forms when P waves and S waves reach Earth's surface.

### onda superficial
Tipo de onda sísmica que se forma cuando las ondas P y las ondas S llegan a la superficie de la Tierra.

### surveying
The process of gathering data for a map by using instruments and the principles of geometry to determine distance and elevations.

### agrimensura
Proceso que consiste en reunir información para un mapa y en el cual se determinan distancias y elevaciones usando instrumentos y principios geométricos.

### suspension
A mixture in which particles can be seen and easily separated by settling or filtration.

### suspensión
Mezcla en la cual las partículas se pueden ver y separar fácilmente por fijación o por filtración.

### sustainable use
The use of a resource in ways that maintain the resource at a certain quality for a certain period of time.

### uso sostenible
Uso de un recurso que permite que ese recurso mantenga cierta calidad por un período de tiempo determinado.

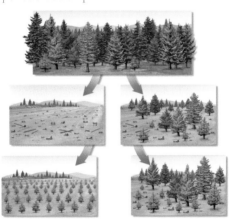

### sustainable yield
An amount of a renewable resource that can be harvested regularly without reducing the future supply.

### rendimiento sostenible
Cantidad de un recurso renovable que puede ser recolectado constantemente sin reducir el abastecimiento futuro.

### swim bladder
An internal gas-filled organ that helps a bony fish stabilize its body at different water depths.

### vejiga natatoria
Órgano interno lleno de gas que ayuda a un pez con esqueleto a estabilizar su cuerpo a distintas profundidades.

swim bladder
vejiga natatoria

### symbiosis
Any relationship in which two species live closely together and that benefits at least one of the species.

### simbiosis
Cualquier relación en la cual dos especies viven muy cerca y al menos una de ellas se beneficia.

### symbol
On a map, a picture used by mapmakers to stand for features on Earth's surface.

### símbolo
En un mapa, imagen que usan los cartógrafos para representar los diferentes aspectos de la superficie de la Tierra.

Key

🏫 School

❓ Tourist information

🏥 Hospital

🍴 Restaurant

🛍 Shopping center

– – Cycle route

### synapse
The junction where one neuron can transfer an impulse to the next structure.

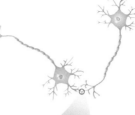

### sinapsis
Confluencia donde una neurona puede transferir un impulso a la siguiente estructura.

### synthesis
A chemical reaction in which two or more simple substances combine to form a new, more complex substance.

### síntesis
Reacción química en la que dos o más sustancias simples se combinan y forman una sustancia nueva más compleja.

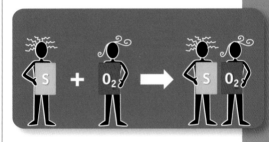

### system
1. A group of parts that work together as a whole. 2. A group of related parts that work together to perform a function or produce a result.

### sistema
1. Partes de un grupo que trabajan en conjunto. 2. Grupo de partes relacionadas que trabajan conjuntamente para realizar una función o producir un resultado.

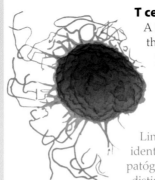

### T cell
A lymphocyte that identifies pathogens and distinguishes one pathogen from another.

### célula T
Linfocito que identifica a los patógenos y distingue un patógeno de otro.

### tadpole
The larval form of a frog or toad.

### renacuajo
Estado de larva de una rana o un sapo.

### tar
A dark, sticky substance that forms when tobacco burns.

### alquitrán
Sustancia oscura y pegajosa producida cuando se quema tabaco.

### target cell
A cell in the body that recognizes a hormone's chemical structure.

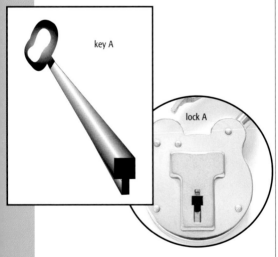

key A

lock A

### célula destinataria
Célula del cuerpo que reconoce la estructura química de una hormona.

### taste buds
Sensory receptors on the tongue that respond to chemicals in food.

### papila gustativa
Receptores sensoriales de la lengua que responden a las sustancias químicas de los alimentos.

### taxonomy
The scientific study of how living things are classified.

### taxonomía
Estudio científico de cómo se clasifican los seres vivos.

### technology
How people modify the world around them to meet their needs or to solve practical problems.

### tecnología
Modo en que la gente modifica el mundo que la rodea para satisfacer sus necesidades o para solucionar problemas prácticos.

### telescope
An optical instrument that forms enlarged images of distant objects.

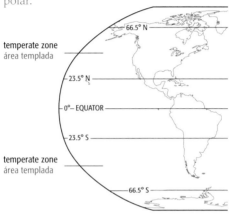

### telescopio
Instrumento óptico que provee ampliaciones de los cuerpos lejanos.

### temperate zones
The areas between the tropical and the polar zones.

### área templada
Áreas ubicadas entre las zonas tropical y polar.

temperate zone
área templada

66.5° N

23.5° N

0° – EQUATOR

23.5° S

temperate zone
área templada

66.5° S

### temperature
How hot or cold something is; a measure of the average energy of motion of the particles of a substance; the measure of the average kinetic energy of the particles of a substance.

| TUES | WED | THURS |
|------|-----|-------|
| 26º | 24º | 25º |
| 19º | 17º | 17º |

### temperatura
Cuán caliente o frío es algo; medida de la energía de movimiento promedio de las partículas de una sustancia; medida de la energía cinética promedio de las partículas de una sustancia.

**temperature inversion**
A condition in which a layer of warm air traps polluted air close to Earth's surface.

**inversión térmica**
Condición en la que una capa de aire caliente atrapa aire contaminado cerca de la superficie de la Tierra.

**tendon**
Strong connective tissue that attaches muscle to bone.

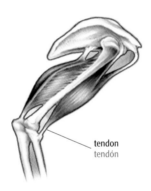

tendon
tendón

**tendón**
Tejido conectivo resistente que une un músculo a un hueso.

**tension**
Stress that stretches rock so that it becomes thinner in the middle.

**tensión**
Fuerza que estira una roca, de modo que es más delgada en el centro.

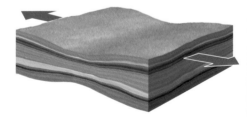

**Mercury** **Venus** **Earth** **Mars**

**terrestrial planets**
The name often given to the four inner planets: Mercury, Venus, Earth, and Mars.

**planetas telúricos**
Nombre dado normalmente a los cuatro planetas interiores: Mercurio, Venus, Tierra y Marte.

**territory**
An area that is occupied and defended by an animal or group of animals.

**territorio**
Área ocupada y defendida por un animal o grupo de animales.

**testis**
Organ of the male reproductive system in which sperm and testosterone are produced.

**testículo**
Órgano del sistema reproductor masculino en el que se producen los espermatozoides y la testosterona.

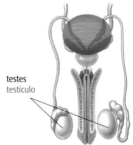

testes
testículo

**testosterone**
A hormone produced by the testes that controls the development of sperm and adult male characteristics.

**testosterona**
Hormona producida por los testículos que controla el desarrollo de los espermatozoides y las características del hombre adulto.

**texture**
The look and feel of a rock's surface, determined by the size, shape, and pattern of a rock's grains.

**textura**
Apariencia y sensación producida por la superficie de una roca, determinadas por el tamaño, la forma y el patrón de los granos de la roca.

**thermal conductivity**
The ability of an object to transfer heat.

**conductividad térmica**
Capacidad de un objeto para transferir calor.

**thermal energy**
The total kinetic and potential energy of all the particles of an object.

**energía térmica**
Energía cinética y potencial total de las partículas de un cuerpo.

## thermal expansion
The expansion of matter when it is heated.

### expansión térmica
Expansión de la materia cuando se calienta.

## thermogram
An image that shows regions of different temperatures in different colors.

### termograma
Imagen que muestra regiones de distintas temperaturas con distintos colores.

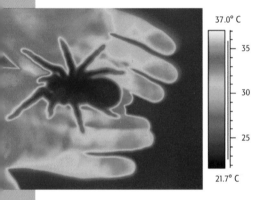

37.0° C
35
30
25
21.7° C

## thermometer
An instrument used to measure temperature.

### termómetro
Instrumento que se usa para medir la temperatura.

## thermosphere
The outermost layer of Earth's atmosphere.

upper thermosphere
termósfera superior

lower thermosphere
termósfera inferior

### termósfera
Capa exterior de la atmósfera de la Tierra.

## third prong
The round prong of a plug that connects any metal pieces in an appliance to the safety grounding wire of a building.

### tercera terminal
Terminal redondeado de un enchufe que conecta cualquier pieza de metal de un artefacto con el cable a tierra de un edificio.

## threatened species
A species that could become endangered in the near future.

### especie amenazada
Especie que puede llegar a estar en peligro de extinción en el futuro próximo.

## thrust
The reaction force that propels a rocket forward.

### empuje
Fuerza de reacción que propulsa un cohete hacia delante.

## thunderstorm
A small storm often accompanied by heavy precipitation and frequent thunder and lightning.

### tronada
Pequeña tormenta acompañada de fuertes precipitaciones y frecuentes rayos y truenos.

## tide
The periodic rise and fall of the level of water in the ocean.

### marea
La subida y bajada periódica del nivel de agua del océano.

## till
The sediments deposited directly by a glacier.

### arcilla glaciárica
Sedimentos depositados directamente por un glaciar.

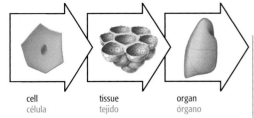

cell
célula

tissue
tejido

organ
órgano

**tissue**
A group of similar cells that perform a specific function.

**tejido**
Grupo de células semejantes que realizan una función específica.

**tolerance**
A state in which a drug user needs larger amounts of the drug to produce the same effect on the body.

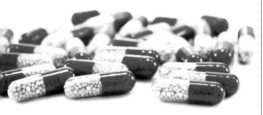

**tolerancia**
Estado en el que un drogadicto necesita mayores cantidades de la droga para que su cuerpo experimente un efecto previsto.

**topographic map**
A map that shows the surface features of an area.

**mapa topográfico**
Mapa que muestra los accidentes geográficos de la superficie terrestre de un área.

Allen Mountain

**topography**
The shape of the land determined by elevation, relief, and landforms.

**topografía**
Forma del terreno determinada por la elevación, el relieve y los accidentes geográficos.

**topsoil**
The crumbly, topmost layer of soil made up of clay and other minerals and humus (nutrients and decaying plant and animal matter).

**suelo superior**
Capa superior desmenuzable del suelo formada por arcilla, otros minerales y humus (nutrientes y materia orgánica de origen vegetal y animal).

**tornado**
A rapidly whirling, funnel-shaped cloud that reaches down to touch Earth's surface.

**tornado**
Nube con forma de embudo que gira rápidamente y que desciende hasta tocar la superficie terrestre.

**toxin**
A poison that can harm an organism.

**toxina**
Veneno que puede dañar un organismo.

**trace fossil**
A type of fossil that provides evidence of the activities of ancient organisms.

**vestigios fósiles**
Tipo de fósil que presenta evidencia de las actividades de los organismos antiguos.

**tracer**
A radioactive isotope that can be followed through the steps of a chemical reaction or industrial process.

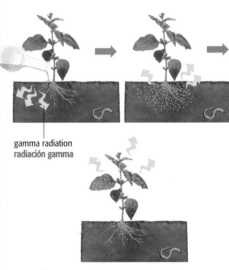

gamma radiation
radiación gamma

**trazador**
Isótopo radiactivo que se puede seguir mediante los pasos de una reacción química o un proceso industrial.

**trachea**
The windpipe; a passage through which air moves in the respiratory system.

trachea
tráquea

**tráquea**
Conducto por el cual circula el aire en el sistema respiratorio.

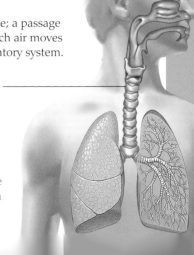

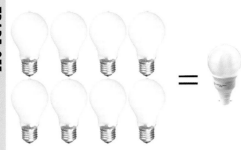

## trade-off
An exchange in which one benefit is given up in order to obtain another.

### sacrificar una cosa por otra
Intercambio en el que se renuncia a un beneficio para obtener otro.

## trait
A specific characteristic that an organism can pass to its offspring through its genes.

### rasgo
Característica específica que un organismo puede transmitir a sus descendientes a través de los genes.

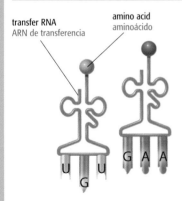

transfer RNA
ARN de transferencia

amino acid
aminoácido

## transfer RNA
Type of RNA in the cytoplasm that carries an amino acid to the ribosome during protein synthesis.

### ARN de transferencia
Tipo de ARN del citoplasma que lleva un aminoácido al ribosoma durante la síntesis de proteínas.

## transform boundary
A plate boundary where two plates move past each other in opposite directions.

### borde de transformación
Borde de una placa donde dos placas se deslizan, en sentidos opuestos, y se pasan la una a la otra.

## transformer
A device that increases or decreases voltage, which often consists of two separate coils of insulated wire wrapped around an iron core.

### transformador
Aparato que aumenta o disminuye el voltaje, que consiste de dos bobinas de alambre aislado y devanado sobre un núcleo de hierro.

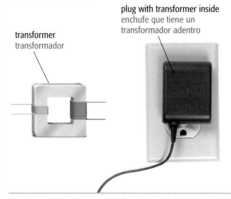

plug with transformer inside
enchufe que tiene un transformador adentro

transformer
transformador

## transition metal
One of the elements in Groups 3 through 12 of the periodic table.

### metal de transición
Uno de los elementos de los Grupos 3 a 12 de la tabla periódica.

## translucent
A type of material that scatters light as it passes through.

### material traslúcido
Material que dispersa la luz cuando ésta lo atraviesa.

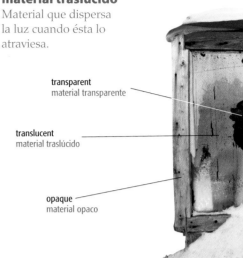

transparent
material transparente

translucent
material traslúcido

opaque
material opaco

## transparent
A type of material that transmits light without scattering it.

### material transparente
Material que transmite luz sin dispersarla.

## transpiration
The process by which water is lost through a plant's leaves.

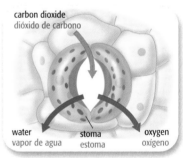

carbon dioxide
dióxido de carbono

water
vapor de agua

stoma
estoma

oxygen
oxígeno

### transpiración
Proceso por el cual las hojas de una planta pierden agua.

## transverse wave
A wave that moves the medium at right angles to the direction in which the wave travels.

### onda transversal
Onda que desplaza a un medio perpendicularmente a la dirección en la que viaja la onda.

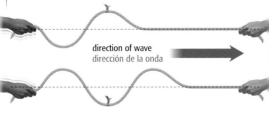

direction of wave
dirección de la onda

trench
fosa

### trench
A deep, steep-sided canyon in the ocean floor.

### fosa
Cañón profundo, de lados empinados, en el suelo oceánico.

### trial-and-error learning
A type of learned behavior in which an animal learns to behave in a certain way through repeated practice, to receive a reward or avoid punishment.

### aprendizaje por ensayo y error
Tipo de comportamiento aprendido en el que un animal aprende cierta conducta por repetición, para obtener recompensa o evitar castigo.

### tributary
A stream or river that flows into a larger river.

### afluente
Río o arroyo que desemboca en un río más grande.

### triple bond
A chemical bond formed when atoms share three pairs of electrons.

### enlace triple
Enlace químico formado cuando los átomos comparten tres pares de electrones.

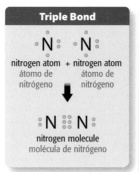

**Triple Bond**

N  N
nitrogen atom + nitrogen atom
átomo de           átomo de
nitrógeno          nitrógeno

N N
nitrogen molecule
molécula de nitrógeno

### tropical (air mass)
A warm air mass that forms in the tropics and has low air pressure.

### masa de aire tropical
Masa de aire templado que se forma en los trópicos y cuya presión atmosférica es baja.

### tropical zone
The area near the equator between about 23.5° north latitude and 23.5° south latitude.

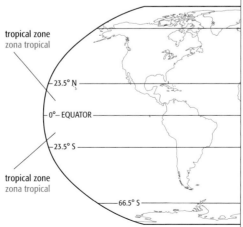

tropical zone
zona tropical

23.5° N

0° EQUATOR

23.5° S

tropical zone
zona tropical

66.5° S

### zona tropical
Área cercana al ecuador entre aproximadamente los 23.5° de latitud norte y los 23.5° de latitud sur.

### tropism
The response of a plant toward or away from a stimulus.

### tropismo
Respuesta de una planta acercándose o apartándose del estímulo.

### troposphere
The lowest layer of Earth's atmosphere.

### troposfera
Capa más inferior de la atmósfera de la Tierra.

Maybe we should use a laser beam!

### troubleshooting
The process of analyzing a design problem and finding a way to fix it.

### solución de problemas
Proceso por el cual se analiza un problema de diseño y se halla una forma de solucionarlo.

### trough
The lowest part of a transverse wave.

### valle
Parte más baja de una onda transversal.

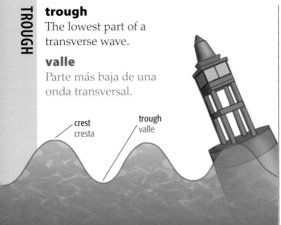

crest
cresta

trough
valle

### tsunami
A giant wave usually caused by an earthquake beneath the ocean floor.

### tsunami
Ola gigantesca, generalmente provocada por un sismo que ocurrió debajo de la cuenca oceánica.

### tumor
A mass of rapidly dividing cells that can damage surrounding tissue.

### tumor
Masa de células que se dividen rápidamente y que puede dañar los tejidos que la rodean.

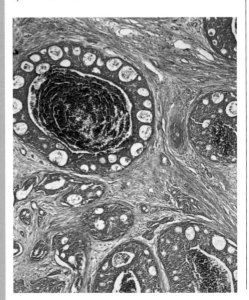

### tundra
An extremely cold, dry biome climate region characterized by short, cool summers and bitterly cold winters.

### tundra
Bioma de la región climática extremadamente fría y seca, que se caracteriza por veranos cortos y frescos e inviernos sumamente fríos.

### ultrasound
Sound waves with frequencies above 20,000 Hz.

### ultrasonido
Ondas sonoras con frecuencias mayores de 20,000 Hz.

### ultraviolet rays (radiation)
Electromagnetic waves with wavelengths that are shorter than visible light but longer than X-rays.

### rayos (radiación) ultravioleta
Ondas electromagnéticas con longitudes de onda más cortas que la luz visible, pero más largas que los rayos X.

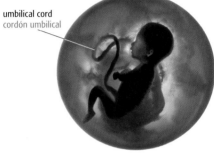

umbilical cord
cordón umbilical

### umbilical cord
A ropelike structure that forms between the embryo or fetus and the placenta.

### cordón umbilical
Estructura con forma de cuerda que se forma en el útero entre el embrión o feto y la placenta.

### umbra
The darkest part of a shadow.

### umbra
La parte más oscura de una sombra.

umbra
umbra

penumbra
penumbra

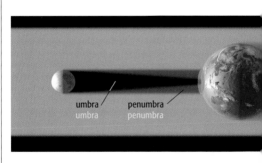

visible light
luz visible

radio waves
ondas de radio

microwaves
microondas

infrared rays
rayos
infrarrojos

ultraviolet
rays
rayos
ultravioleta

X-rays
rayos X

gamma rays
rayos gamma

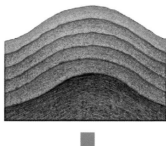

## unconformity
A gap in the geologic record that shows where rock layers have been lost due to erosion.

### discordancia
Interrupción en el récord geológico que muestra dónde las capas rocosas se han perdido a causa de la erosión.

## understory
A layer of shorter trees and vines that grows in the shade of a forest canopy.

understory
sotobosque

### sotobosque
Capa de árboles de poca altura y plantas trepadoras que crecen bajo la sombra del dosel de un bosque.

## unicellular
Made of a single cell.

### unicelular
Compuesto por una sola célula.

## uniformitarianism
The geologic principle that the same geologic processes that operate today operated in the past to change Earth's surface.

### uniformitarianismo
Principio geológico que enuncia que los mismos procesos geológicos que cambian la superficie de la Tierra en la actualidad ocurrieron en el pasado.

## universe
All of space and everything in it.

### universo
Todo el espacio y todo lo que hay en él.

## unsaturated zone
The layer of rocks and soil above the water table in which the pores contain air as well as water.

### zona insaturada
Capa de rocas y suelo encima del nivel freático en la que los poros contienen aire además de agua.

less permeable rock
roca menos permeable

permeable layers
capas permeables

water table
nivel freático

## upwelling
The movement of cold water upward from the deep ocean that is caused by wind.

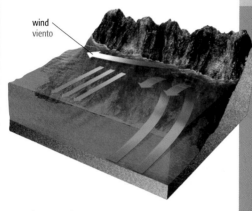

wind
viento

### corriente de ascenso
Movimiento ascendente de aguas frías desde las profundidades del mar, causado por los vientos.

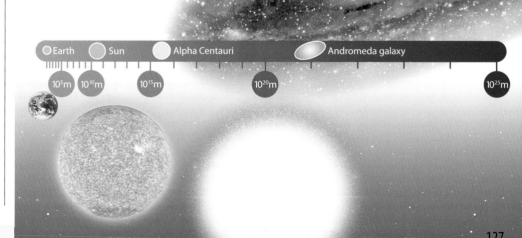

Earth | Sun | Alpha Centauri | Andromeda galaxy

$10^5$m | $10^{10}$m | $10^{15}$m | $10^{20}$m | $10^{25}$m

### urea
A chemical that comes from the breakdown of proteins.

### urea
Sustancia química que resulta de la descomposición de proteínas.

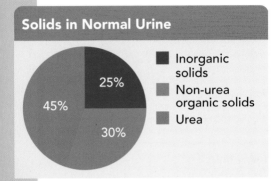

**Solids in Normal Urine**

25%
45%
30%

- ■ Inorganic solids
- Non-urea organic solids
- Urea

### ureter
A narrow tube that carries urine from one of the kidneys to the urinary bladder.

### uréter
Conducto estrecho que lleva la orina desde uno de los riñones a la vejiga urinaria.

### urethra
A small tube through which urine leaves the body.

### uretra
Conducto pequeño a través del cual la orina sale del cuerpo.

### urinary bladder
A sacklike muscular organ that stores urine until it is eliminated from the body.

### vejiga urinaria
Órgano muscular con forma de saco que almacena la orina hasta que se elimine del cuerpo.

### urine
A watery fluid produced by the kidneys that contains urea and other wastes.

### orina
Fluido acuoso producido por los riñones que contiene urea y otros materiales de desecho.

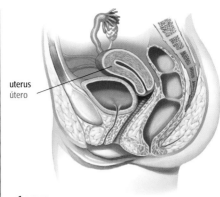

uterus
útero

### uterus
The hollow muscular organ of the female reproductive system in which a fertilized egg develops.

### útero
Órgano muscular hueco del sistema reproductor femenino en el que se desarrolla un óvulo fertilizado.

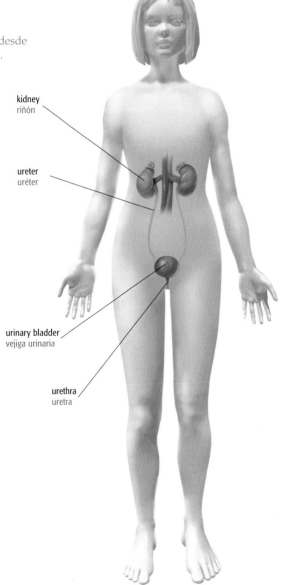

kidney
riñón

ureter
uréter

urinary bladder
vejiga urinaria

urethra
uretra

### vaccination
The process by which harmless antigens are deliberately introduced into a person's body to produce active immunity; also called immunization.

### vacunación
Proceso por el cual antígenos inocuos se introducen deliberadamente en el cuerpo de una persona para producir una inmunidad activa; también se le llama inmunización.

### vaccine
A substance used in a vaccination that consists of pathogens that have been weakened or killed but can still trigger the body to produce chemicals that destroy the pathogens.

### vacuna
Sustancia que se inyecta en la vacunación; consiste de patógenos débiles o muertos que pueden estimular al cuerpo a producir sustancias químicas que destruyan esos patógenos.

### vacuole
A sac-like organelle that stores water, food, and other materials.

### vacuola
Orgánulo en forma de bolsa que almacena agua, alimentos y otros materiales.

vacuole
vacuola

plant cell
célula de planta

### vacuum
A place that is empty of all matter.

### vacío
Lugar en donde no existe materia.

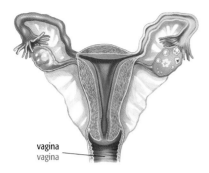

vagina
vagina

## vagina
A muscular passageway leading to the outside of a female's body; also called the birth canal.

## vagina
Pasaje muscular que se extiende hasta una abertura del cuerpo de una mujer; también llamada canal de nacimiento.

## valence electrons
The electrons that are in the highest energy level of an atom and that are involved in chemical bonding.

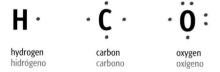

| hydrogen | carbon | oxygen |
|----------|--------|--------|
| hidrógeno | carbono | oxígeno |

## electrones de valencia
Electrones que tienen el nivel más alto de energía de un átomo y que intervienen en los enlaces químicos.

## valley glacier
A long, narrow glacier that forms when snow and ice build up in a mountain valley.

## glaciar de valle
Glaciar largo y estrecho que se forma por la acumulación de hielo y nieve en el valle de una montaña.

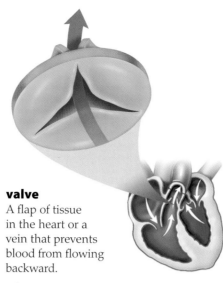

## valve
A flap of tissue in the heart or a vein that prevents blood from flowing backward.

## válvula
Lámina de tejido del corazón o de una vena que impide que la sangre fluya hacia atrás.

## vaporization
The change of state from a liquid to a gas.

## vaporización
Cambio del estado de líquido a gas.

## variable
A factor that can change in an experiment.

## variable
Factor que puede cambiar en un experimento.

### Number of Chirps per Minute

| Cricket | 15°C | 20°C | 25°C |
|---------|------|------|------|
| 1 | 91 | 135 | 180 |
| 2 | 80 | 124 | 169 |
| 3 | 89 | 130 | 176 |
| 4 | 78 | 125 | 158 |
| 5 | 77 | 121 | 157 |
| Average | 83 | 127 | 168 |

## variation
Any difference between individuals of the same species.

## variación
Cualquier diferencia entre individuos de la misma especie.

## vascular plant
A plant that has true vascular tissue for transporting materials.

## planta vascular
Planta que tiene tejido vascular verdadero para el transporte de materiales.

## vascular tissue
The internal transporting tissue in some plants that is made up of tubelike structures that carry water, food, and minerals.

## tejido vascular
Tejido interno de algunas plantas compuesto de estructuras tubulares que transportan agua, alimentos y minerales.

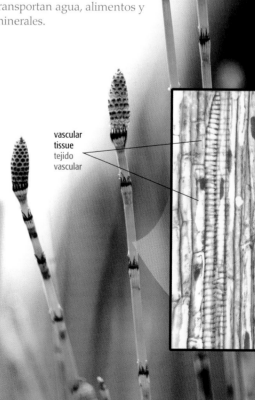

vascular tissue
tejido vascular

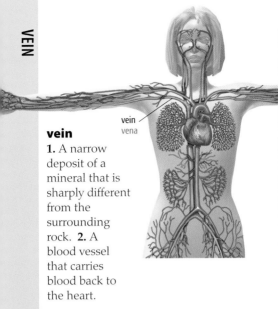

vein
vena

## vein

**1.** A narrow deposit of a mineral that is sharply different from the surrounding rock. **2.** A blood vessel that carries blood back to the heart.

## vena

**1.** Placa delgada de un mineral que es marcadamente distinto a la roca que lo rodea. **2.** Vaso sanguíneo que transporta la sangre al corazón.

## velocity

Speed in a given direction.

## velocidad

Rapidez en una dirección dada.

## vent

The opening through which molten rock and gas leave a volcano.

## ventiladero

Abertura a través de la que la roca derretida y los gases salen de un volcán.

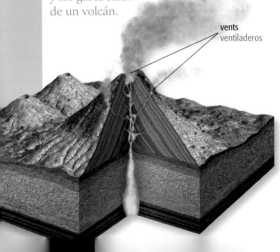

vents
ventiladeros

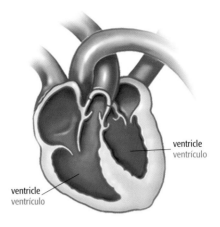

ventricle
ventrículo

ventricle
ventrículo

## ventricle

A lower chamber of the heart that pumps blood out to the lungs or body.

## ventrículo

Cavidad inferior del corazón que bombea la sangre a los pulmones o el cuerpo.

## vertebrae

The bones that make up the backbone of an organism. In humans, the 26 bones that make up the backbone.

## vértebras

Huesos que componen la columna vertebral de un organismo. En los humanos, los 26 huesos que componen la columna vertebral.

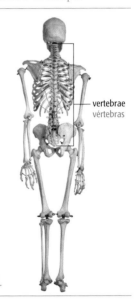

vertebrae
vértebras

## vertebrate

An animal with a backbone.

## vertebrado

Animal con columna vertebral.

## vibration

A repeated back-and-forth or up-and-down motion.

## vibración

Movimiento repetido hacia delante y hacia atrás o hacia arriba y hacia abajo.

## villi

Tiny finger-shaped structures that cover the inner surface of the small intestine and provide a large surface area through which digested food is absorbed.

## vellosidades

Pequeñas estructuras con forma de dedo que cubren la superficie interna del intestino delgado y proporcionan una superficie amplia a través de la cual se absorbe el alimento digerido.

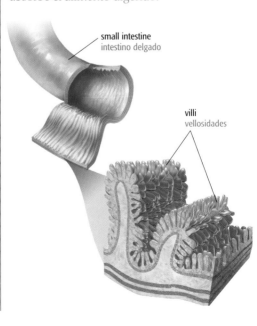

small intestine
intestino delgado

villi
vellosidades

virtual image
imagen virtual

**virtual image**
An upright image formed where rays of light appear to come from.

**imagen virtual**
Imagen vertical que se forma desde donde parecen provenir los rayos de luz.

**virus**
A tiny, nonliving particle that enters and then reproduces inside a living cell.

**virus**
Partícula diminuta inerte que entra en una célula viva y luego se reproduce dentro de ella.

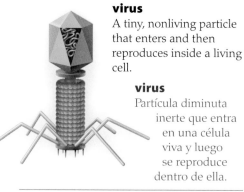

**viscosity**
A liquid's resistance to flowing.

**viscosidad**
Resistencia a fluir que presenta un líquido.

**visible light**
Electromagnetic radiation that can be seen with the unaided eye.

**luz visible**
Radiación electromagnética que se puede ver a simple vista.

| Vitamin | Some Sources | Function |
|---|---|---|
| A | Dairy products; eggs; liver; vegetables; fruits | Maintains skin, bones, teeth, and hair; aids vision |
| B2 (riboflavin) | Dairy products; whole-grain foods; green, leafy vegetables | Needed for normal growth |
| B3 (niacin) | Many protein-rich foods; whole-grain foods; nuts | Needed to release energy |
| B12 | Meats; fish; poultry; dairy products; eggs | Maintains nervous system; helps form red blood cells |
| C | Citrus fruits; tomatoes; potatoes; dark green vegetables | Needed to form connective tissue and fight infection |
| D | Fish; eggs; liver; made by skin cells in the presence of sunlight | Maintains bones and teeth |
| E | Vegetable oils; margarine; green, leafy vegetables; whole-grain foods | Helps maintain red blood cells |
| K | Green, leafy vegetables; milk; liver; made by bacteria in the intestines | Aids in blood clotting; needed for bone formation |

**vitamin**
One of many organic molecules needed in small amounts in a variety of chemical reactions within the body.

**vitaminas**
Moléculas orgánicas que se necesitan, en cantidades pequeñas, para una gran variedad de reacciones químicas del cuerpo.

**vocal cords**
Folds of connective tissue that stretch across the opening of the larynx and produce a person's voice.

**cuerdas vocales**
Pliegues de tejido conector que se extienden a lo largo de la abertura de la laringe y que producen la voz de una persona.

**volcanic neck**
A deposit of hardened magma in a volcano's pipe.

**cuello volcánico**
Depósito de magma solidificada en la chimenea de un volcán.

**volcano**
A weak spot in the crust where magma has come to the surface.

**volcán**
Punto débil en la corteza por donde el magma escapa hacia la superficie.

**voltage**
The difference in electrical potential energy per charge between two places in a circuit.

**voltaje**
Diferencia en el potencial eléctrico que hay entre dos áreas de un circuito.

### volume
The amount of space that matter occupies.

### volumen
Cantidad de espacio que ocupa la materia.

### voluntary muscle
A muscle that is under conscious control.

### músculo voluntario
Músculo que se puede controlar conscientemente.

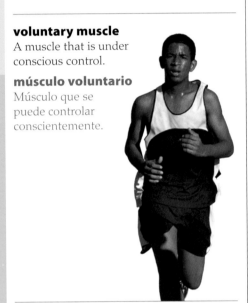

### water cycle
The continual movement of water among Earth's atmosphere, oceans, and land surface through evaporation, condensation, and precipitation.

### ciclo del agua
Circulación continua del agua por la atmósfera, los océanos y la superficie de la Tierra mediante la evaporación, la condensación y la precipitación.

### water table
The top of the saturated zone, or depth to the groundwater under Earth's surface.

### nivel freático
Límite superior de la zona saturada, es decir de la profundidad de las aguas freáticas del subsuelo.

permeable layers
capas permeables

less permeable rock
roca menos permeable

water table
nivel freático

### water vapor
Water in the form of a gas.

### vapor de agua
Agua en forma de gas.

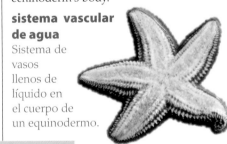

### water vascular system
A system of fluid-filled tubes in an echinoderm's body.

### sistema vascular de agua
Sistema de vasos llenos de líquido en el cuerpo de un equinodermo.

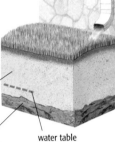

Columbia River Watershed

Missouri River Watershed

Mississippi River Watershed

Colorado River Watershed

ROCKY MOUNTAINS

SIERRA NEVADA

GREAT BASIN

PACIFIC OCEAN

MEXICO

Gulf o

### watershed
The land area that supplies water to a river system.

### cuenca hidrográfica
Área de terreno que suministra agua a un sistema fluvial.

4000 W

### watt
The unit of power when one joule of work is done in one second.

### vatio
Unidad de potencia equivalente a un julio por segundo.

### wave
**1.** A disturbance that transfers energy from place to place. **2.** The movement of energy through a body of water.

### onda
**1.** Perturbación que transfiere energía de un lugar a otro. **2.** Movimiento de energía por un fluido.

## wave height
The vertical distance from the crest of a wave to the trough.

### altura de una ola
Distancia vertical desde la cresta de una ola hasta el valle.

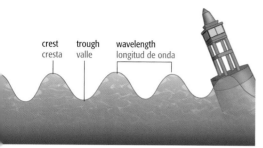

crest
cresta · trough
valle · wavelength
longitud de onda

## wavelength
The distance between two corresponding parts of a wave, such as the distance between two crests.

### longitud de onda
Distancia entre dos partes correspondientes de una onda, por ejemplo la distancia entre dos crestas.

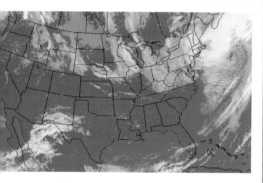

## weather
The condition of Earth's atmosphere at a particular time and place.

### tiempo meteorológico
Condición de la atmósfera terrestre en un momento y lugar determinado.

## weathering
The chemical and physical processes that break down rock and other substances.

### desgaste
Procesos químicos y físicos que erosionan la roca y descomponen otras sustancias.

## wedge
A simple machine that is an inclined plane that moves.

### cuña
Máquina simple que consiste de un plano inclinado que se mueve.

## weight
A measure of the force of gravity acting on an object.

### peso
Medida de la fuerza de gravedad que actúa sobre un objeto.

## wetland
A land area that is covered with a shallow layer of water during some or all of the year.

### tierra cenagosa
Terreno cubierto por una capa poco profunda de agua durante todo el año o parte de éste.

## wheel and axle
A simple machine that consists of two attached circular or cylindrical objects that rotate about a common axis, each one with a different radius.

### rueda y eje
Máquina simple que consiste en dos objetos circulares o cilíndricos unidos, de diferente radio, que giran en torno a un eje común.

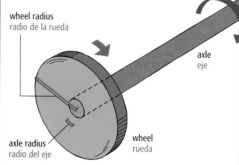

wheel radius
radio de la rueda

axle
eje

axle radius
radio del eje

wheel
rueda

## white blood cell
A blood cell that fights disease.

### glóbulo blanco
Célula sanguínea que protege al organismo de las enfermedades.

white blood cells
glóbulo blanco

## white dwarf
The blue-white hot core of a star that is left behind after its outer layers have expanded and drifted out into space.

### enana blanca
Núcleo caliente y azul blanquecino de una estrella que queda después de que sus capas externas se han expandido y esparcido por el espacio.

## wind
The horizontal movement of air from an area of high pressure to an area of lower pressure.

### viento
Movimiento horizontal de aire de un área de alta presión a una de menor presión.

## wind-chill factor
A measure of cooling combining temperature and wind speed.

### factor de enfria-miento por viento
Medida del enfriamiento que combina la temperatura y la velocidad del viento.

## windward
The side of a mountain range that faces the oncoming wind.

### barlovento
Lado de una cadena montañosa donde pega el viento de frente.

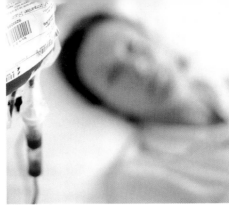

## withdrawal
An adjustment period that occurs when a person stops taking a drug on which their body is dependent.

### síndrome de abstinencia
Período de ajuste que ocurre cuando una persona con una dependencia a una droga deja de consumirla.

## work
Force exerted on an object that causes it to move.

### trabajo
Fuerza que se ejerce sobre un cuerpo para moverlo.

## X-rays
Electromagnetic waves with wavelengths shorter than ultraviolet rays but longer than gamma rays.

### rayos X
Ondas electromagnéticas con longitudes de onda más cortas que los rayos ultravioleta pero más largas que los rayos gamma.

## xylem
The vascular tissue through which water and minerals move in some plants.

### xilema
Tejido vascular de algunas plantas por el que circulan agua y nutrientes.

## zygote
A fertilized egg, produced by the joining of a sperm cell and an egg cell.

### cigoto
Óvulo fertilizado, producido por la unión de un espermatozoide y un óvulo.

windward
barlovento

# DK EDUCATION

**Managing Art Editor** Richard Czapnik
**Design Director** Stuart Jackman
**Publisher** Sophie Mitchell

## PEARSON

The people who made up the *DK Big Ideas of Science Reference Library* team—representing design, digital product development, editorial, manufacturing, and production—are listed below.
Kelly Engel, Amanda Ferguson, Christian Henry, Sharon Inglis, Robyn Matzke,
Tim McDonald, Maria Milczarek, Claudi Mimó, Célio Pedrosa,
Stephanie Rogers, Rachel Youdelman

# CREDITS

The publisher would like to thank the following for kind permission to reproduce their photographs:

**Cover and i** Boreal forest, Darwin Wiggett/AGE Fotostock; electrical energy, Jeff Horner/AP Images; endangered species, David Peart/Dorling Kindersley; iris, Adam Hart-Davis/Photo Researchers, Inc.; medium, David Pu'u/Corbis; nebula, ESA/The Hubble Heritage Team/NASA; symbiosis, Dietmar Nill/Nature Picture Library; vocal cords, Anne Ackermann/Digital Vision/Getty Images; lettering background, Levent Konuk/Shutterstock.

**Pages ii–iii** spread, Mark A. Johnson/Corbis; **iv,** NASA; **v l,** Joe McDonald/Corbis; **v r,** David Wall/Lonely Planet Images/Zuma Press; Eric Risberg/AP Images; **vi** abiotic factor, Bruno Morandi/Robert Harding World; **vi** absolute age, Jeff Foott/Discovery Channel Images/Getty Images; **vi** absolute brightness, Data Copyrights ESA/ESO/NASA FITS Liberator/NASA Digitized Sky Survey; **vi** absorption, Dorling Kindersley; **vi** acceleration, John Foxx/Stockbyte/Getty Images; **vi** acid, iStockphoto; **vi** acid rain, Fletcher & Baylis/Photo Researchers, Inc.;

**vi** activation energy, Stephanie Rogers; **1** active immunity, Digital Vision/Getty Images; **1** adaptation, SGM/Stock Connection; **1** addiction, JupiterImages/Brand X/Alamy; **1** adolescence, Claudia Gopperl/Bilderlounge/JupiterImages; **1** aerial photograph, Charles O'Rear/Corbis; **1** aerosols, Krafft/Photo Researchers, Inc.; **1** aerospace engineering, Paul Bowen/Science Faction/Corbis; **1** aggression, Linda Freshwaters Arndt/Photo Researchers, Inc.; **1** AIDS (acquired immunodeficiency syndrome), Hisham Ibrahim/Photov/Alamy; **1** air mass, Gene Rhoden/Still Pictures; **2** alcoholism, Yellow Dog Productions/Getty Images; **2** algae, Jerome Wexler/Photo Researchers, Inc.; **2** alkali metal, Corey Bill Ross/Flirt Collection/Photolibrary New York; **2** alkaline earth metal, Living Art Enterprises, LLC/Photo Researchers, Inc.; **2** allergen (flower field), Frank Krahmer/Corbis; **2** allergen (woman sneezing), Altrendo Images/Getty Images; **2** alloy, Dorling Kindersley; **2** alluvial fan, Marli Miller; **3** alveoli, Masterfile; **3** amniotic

egg, Juniors Bildarchiv/Photolibrary New York; **3** amniotic sac, Dorling Kindersley Media Library; **3** amorphous solid, Mike Dunning/Dorling Kindersley Media Library; **3** amphibian, Nick Garbutt/Nature Picture Library; **3** anabolic steroids, Juice Images/Photolibrary New York; **3** anemometer, Geri Lavrov/Alamy; **3** aneroid barometer, Van D. Bucher/Photo Researchers, Inc.; **4** annual, Dorling Kindersley; **4** antibiotic, Kratka Photography/Shutterstock; **4** apparent brightness, Data Copyrights ESA/ESO/NASA FITS Liberator/NASA Digitized Sky Survey; **4** aquaculture, Edward. J. Westmacott/Alamy; **5** artery, John Woodcock/Dorling Kindersley Media; **5** arthropod, Dave King/Dorling Kindersley; **5** asexual reproduction, Colin Milkins/Photolibrary New York; **5** asteroid, JPL/NASA; **5** asteroid belt, JPL/Caltech/T. Pyle (SSC)/NASA; **6** atherosclerosis, Custom Medical Stock Photo; **6** atmosphere, Bettmann/Corbis; **6** atomic number, Dorling Kindersley; **6** autonomic nervous system,

Science Source/Photo Researchers, Inc.; **60** intensity, Greg Baker/AP Images; **60** internal fertilization, Geoff Brightling/Dorling Kindersley; **60** interneuron, Richard Haynes; **61** intrusion, Michael Szoenyi/Photo Researchers, Inc.; **62** ionosphere, Richard Bonson/Dorling Kindersley; **62** iris, Adam Hart-Davis/Photo Researchers, Inc.; **62** irregular galaxy, Science Source/Photo Researchers, Inc.; **62** jet streams, LPI/NASA; **63** karst topography, Igor Katayev/ITAR-TASS/Landov; **63** karyotype, Dennis Kunkel/Phototake; **64** La Niña, NASA; **64** land breeze, Oliver Hoffmann/Shutterstock; **64** larynx, Moodboard/Corbis; **64** lava flow, Rainer Albiez/iStockphoto; **65** law of superposition, Image Source/Getty Images; **65** law of universal gravitation, Darryl Leniuk/Getty Images; **65** learning, Anup Shah/NPL/Minden Pictures; **65** lever, AP Photo/Douglas McFadd; **66** lichen, Photolibrary New York; **66** life science, Tony Kurdzuk/Star Ledger/Corbis; **66** ligament, Dorling Kindersley; **66** lightning, King Wu/iStockphoto; **66** light-year, Data Copyrights ESA/ESO/NASA FITS Liberator/NASA Digitized Sky Survey; **66** limiting factor, Weatherstock/Peter Arnold; **67** loam, Peter Anderson/Dorling Kindersley; **67** local winds, John Hutchinson/Dorling Kindersley; **67** loess, Mike Donenfeld/Shutterstock; **67** loudness, Caren Firouz/Reuters; **68** luster, Breck P. Kent; **68** lymphocyte, Stem Jems/Photo Researchers, Inc.; **68** machine, PictureQuest; **69** magnet, Paul Ridsdale/Alamy; **69** magnitude, Photo Japan/Alamy; **69** making models, Ho New/Reuters; **69** malleable, László Rákoskerti/iStockphoto; **70** mammal, Juergen Hasenkopf/Alamy; **70** mammary gland, Joe McDonald/Corbis; **70** mantle, NASA; **70** maria, JPL/USGS/NASA; **70** marine climate, Earl S. Cryer/UPI/Landov; **71** maritime (air mass), Dorling Kindersley; **71** marsupial, Ingo Arndt/Nature Picture Library; **71** mass, Richard Haynes; **71** mass extinction, Andy Crawford/Dorling Kindersley; **71** mass movement, Marli Miller; **71** matter, iStockphoto; **71** meander, Roine Magnusson/Photolibrary New York; **72** mechanical energy, Lance Aram Rothstein/St Petersburg Times/Zuma Press; **72** mechanical engineering, Ilene MacDonald/Alamy; **72** mechanical wave, Sami Sarkis/Photographer's Choice/Getty Images; **72** mechanical weathering, Travel Ink/Alamy; **72** medium, David Pu'u/Corbis; **72** medusa, Michael DeFreitas Underwater/Alamy; **72** melanin, Comstock Select/Corbis; **73** melting, SuperStock; **73** mesosphere, Richard Bonson/Dorling Kindersley; **73** metabolism, Gallo Images/Alamy; **73** metal, Peter Spiro/iStockphoto; **73** metallic bond, Stephen Oliver/Dorling Kindersley; **74** metalloid, Dorling Kindersley; **74** metamorphic rock, Phil Dombrowski; **74** metamorphosis, Ingo Arndt/Minden Pictures; **74** meteor, iStockphoto; **74** meteorite, Paolo Koch/Photo Researchers, Inc.; **74** meteoroid, iStockphoto; **74** meteorologist, Corepics/Shutterstock; **74** metric system, Richard Haynes; **74** microgravity, NASA/Roger Ressmeyer/Corbis; **74** microorganism, Andrew Brookes/Corbis; **75** mirage, Dick Durrance/Woodfin Camp; **75** mitochondria, Bill Longcore/Photo Researchers, Inc.; **75** mitosis, Ed Reschke/Peter Arnold, Inc; **76** Mohs hardness scale (talc), Colin Keates/Natural History Museum, London/Dorling Kindersley; **76** Mohs hardness scale (gypsum), Colin Keates/Natural History Museum, London/Dorling Kindersley; **76** Mohs hardness scale (calcite), Colin Keates/Natural History Museum, London/Dorling Kindersley; **76** Mohs hardness scale (fluorite), Colin Keates/Natural History Museum, London/Dorling Kindersley; **76** Mohs hardness scale (apatite), Colin Keates/Natural History Museum, London/Dorling Kindersley; **76** Mohs hardness scale (feldspar), Colin Keates/Natural History Museum, London/Dorling Kindersley; **76** Mohs hardness scale (quartz), Colin Keates/Natural History Museum, London/Dorling Kindersley; **76** Mohs hardness scale (topaz), Colin Keates/Natural History Museum, London/Dorling Kindersley; **76** Mohs hardness scale (corundum), Colin Keates/Natural History Museum, London/Dorling Kindersley; **76** Mohs hardness scale (diamond), Dorling Kindersley; **76** mold, Charles R. Belinky/Photo Researchers, Inc.; **76** mollusk, Andrew J. Martinez/Photo Researchers, Inc.; **76** molting, Warren Photographic; **77** momentum, Peter Blackwell/Nature Picture Library/Minden Pictures; **77** monotreme, Tom McHugh/Photo Researchers, Inc.; **77** monsoon, Doctor Bass/iStockphoto; **77** motion, Ingram Publishing/SuperStock; **77** mountain range, Muench Photography, Inc.; **77** mucus, NIKID Design Ltd/Dorling Kindersley; **77** multicellular, Perennou Nuridsany/Photo Researchers, Inc.; **78** multiple alleles, Courtesy of Moorfields Eye Hospital; **78** municipal solid waste, James Steidl/iStockphoto; **78** muscle, Michael Wong/Photolibrary New York; **78** muscle tissue, ISM/Phototake; **78** music, Adam Hunger/AP Images; **78** mutation, Christian Charisius/Reuters; **78** mutualism, Manoj Shah/Animals Animals/Earth Scenes; **78** natural resource, Mark Bolton/Photolibrary New York; **79** nebula, ESA/The Hubble Heritage Team/NASA; **79** nerve, Dorling Kindersley; **79** nervous tissue, Innerspace Imaging/Photo Researchers, Inc.; **80** newton, Gerhard Zwerger-Schoner/Photolibrary New York; **80** Newton's first law of motion, David Wall/Lonely Planet Images/Zuma Press; **80** nicotine, Joseph Sohm/Visions of America/Digital Vision/Getty Images; **81** nodule, NASA; **81** nonmetal, Lawrence Lawry/Photo Researchers, Inc; **81** nonpoint source, Zima/iStockphoto; **81** nonrenewable resource, C Squared Studios/Photodisc/Getty Images; **82** nonvascular plant, Neil Lucas/NPL/Minden Pictures; **82** normal fault, Breck P. Kent/Animals Animals/Earth Scenes; **82** nuclear energy, David R. Frazier Photolibrary/Photo Researchers, Inc.; **82** nuclear fission, Andrea Danti/Shutterstock; **82** nutrient, Dorling Kindersley; **83** nutrient depletion, Dino Ferretti/ANSA/Corbis; **83** observing, Michael Nichols/National Geographic Image Collection; **83** obsolete, Old Visuals/Everett Collection/JupiterImages; **83** omnivore, Tom Brakefield/Digital Vision/Getty Images; **84** opaque, Kevin Frayer/AP Images; **84** open circulatory system, Dwight Nadig/iStockphoto; **84** open cluster, Mpia-hd, Birkle, Slawik/Photo Researchers, Inc.; **84** opinion, Daniel Templeton/Alamy; **84** optical telescope, Mike Brinson/The Image Bank/Getty Images; **85** organic rock, Breck P. Kent; **85** organism, Mau Horng/Shutterstock; **85** osteoporosis, Scott Camazine/Phototake; **85** outer core, NASA Langley Research Center (NASALaRC); **85** output, PhotoStock-Israel/Alamy; **85** output force, ThinkStock/SuperStock; **86** ovulation, Dorling Kindersley; **86** oxbow lake, Aflo/Nature Picture Library; **86** oxidization, iStockphoto; **86** ozone, Goddard Space Flight Center Scientific Visualization Studio/NASA; **87** paleontologist, Louie Psihoyos/Science Faction; **87** parasitism, Anthony Bannister/Animals Animals/Earth Scene; **87** passive immunity, Stockbyte/Getty Images; **88** pasteurization, Geoff Brightling/Dorling Kindersley; **88** pathogen, J. Cavallini/Custom Medical Stock Photo, Inc.; **88** peat, David Tipling/Nature Picture Library; **88** percent error, Simon Kwong/Reuters/Corbis; **88** perennial, Nigel Bean/Nature Picture Library; **89** peripheral nervous system, Dorling Kindersley; **89** permafrost, Arctic-Images/Corbis; **89** petrified fossil, Yva Momatiuk & John Eastcott/Minden Pictures; **90** petrochemical, Imagebroker/Alamy;

2006 John Eastcott and Yva Momatiuk/ Getty Images; **120** T cell, Jems/Photo Researchers, Inc.; **120** tar, Peter Hatter/ Alamy; **120** target cell, Adrian Brockwell/ Alamy; **120** taste buds (micrograph), SPL/ Photo Researchers, Inc.; **120** taste buds (boy), Richard Haynes; **120** taxonomy, Ilian Animal/Alamy; **120** technology, BananaStock/JupiterUnlimited; **120** telescope, NASA Hubble Space Telescope Collection; **121** temperature inversion, P. Baeza/Publiphoto/Photo Researchers, Inc.; **121** terrestrial planets (Venus), NASA; **121** terrestrial planets (Mercury), Messenger Teams/Johns Hopkins University Applied Physics Laboratory/NASA; **121** terrestrial planets (Earth), NASA Langley Research Center (NASALaRC); **121** terrestrial planets (Mars), NASA; **121** territory, Mark Raycroft/Minden Pictures; **121** texture, Bill Brooks/Alamy; **121** thermal conductivity, Vincent Leblic/Photolibrary New York; **121** thermal energy, Jonathan Hayward/AP Images; **122** thermal expansion, Peter Arnold, Inc./Alamy; **122** thermogram, Nutscode/T Service/Photo Researchers, Inc.; **122** thermometer, Martin McCarthy/ iStockphoto; **122** thermosphere, Richard Bonson/Dorling Kindersley; **122** third prong, Emmeline Watkins/SPL/Photo Researchers, Inc.; **122** threatened species, Paul Franklin/Dorling Kindersley; **122** thunderstorm, King Wu/iStockphoto; **122** tide (both), Everett C Johnson/Stock Connec/Science Faction/Corbis; **122** till, Courtesy of USGS; **123** tolerance, Smit/ Shutterstock; **123** topographic map, United States Geological Survey (USGS); **123** topsoil, Dorling Kindersley; **123** tornado, Eric Nguyen/Photo Researchers, Inc.; **123** trace fossil, Travel Ink/Getty Images, Inc.; **124** trade-off, Steve Gorton/Dorling Kindersley; **124** transform boundary, James Balog/ Getty Images; **124** transition metal, Steve Gorton/Dorling Kindersley; **124** translucent, Kevin Frayer/AP Images; **125** trial-and-error learning, John Cancalosi/Peter Arnold, Inc.; **125** tributary, Les David Manevitz/SuperStock; **125** troposphere, David Wall/Alamy; **126** tumor, Eye of Science/Photo Researchers, Inc.; **126** tundra, Momatiuk/ Eastcott/Corbis; **126** ultrasound, Michael Durham/Minden Pictures; **126** umbilical cord, Don Farrall/Photodisc/Getty Images; **127** unicellular, Visuals Unlimited/ Getty Images; **127** uniformitarianism, James L. Amos/Corbis; **127** universe (Andromeda Galaxy), Tom Stack & Associates; **127** universe (Earth), NASA; **127** universe (sun), SOHO/ESA/ NASA; **127** universe (Alpha Centauri),

Eckhard Slawik/Photo Researchers, Inc.; **128** vaccine, Yoav Levy/Phototake; **128** vacuum, NASA; **129** valley glacier, Chris Jaksa/AGE Fotostock; **129** vaporization, Photolibrary New York; **129** vascular tissue (plants), Howard Rice/Photolibrary New York; **129** vascular tissue (cells), David T. Webb/University of Hawaii; **130** velocity, Medford Taylor/ National Geographic Stock; **130** vertebrae, Steve Gorton/Dorling Kindersley; **130** vertebrate, Bruce Davidson/Nature Picture Library; **130** vibration, Sami Sarkis/ Photographer's Choice/Getty Images; **131** virtual image, Corbis/Photolibrary New York; **131** viscosity, Greg Ward/ Dorling Kindersley; **131** visible light, Goodshoot/Corbis; **131** vocal cords, Anne Ackermann/Digital Vision/Getty Images; **131** volcanic neck, Danny Lehman/Corbis; **131** volcano, Rainer Albiez/iStockphoto; **132** voluntary muscle, Tom Carter/Alamy; **132** water vapor, Douglas Peebles Photography/Alamy; **132** water vascular system, Will & Deni McIntyre/Corbis; **132** watt, iStockphoto; **132** wave, Nancy Smith; **133** weather, NASA; **133** weathering, Bob Hammerstrom/The Nashua Telegraph/ Newscom; **133** wedge, Seth A. McConnell/ Rapid City Journal/AP Images; **133** wetland, Jim Zipp/Photo Researchers, Inc.; **134** wind, Norma Cornes/ Shutterstock; **134** wind-chill factor, Barnabas Kindersley/Dorling Kindersley; **134** withdrawal, Digital Vision Photography/Veer; **134** work, Javier Pierini/Getty Images; **134** X-rays, Don Carstens/Robertstock; **134** xylem (plant), Howard Rice/Photolibrary New York; **134** xylem (cells), David T. Webb/University of Hawaii.